智元微库
OPEN MIND

成长也是一种美好

麦肯锡结构化高效沟通

如何有逻辑地表达、演讲与写作

[美] 周国元 / 著

人民邮电出版社

北京

图书在版编目（CIP）数据

麦肯锡结构化高效沟通 ：如何有逻辑地表达、演讲与写作 / （美）周国元著. -- 北京 ：人民邮电出版社，2023.4(2024.7重印)
ISBN 978-7-115-61243-4

Ⅰ. ①麦… Ⅱ. ①周… Ⅲ. ①心理交往－语言艺术－通俗读物 Ⅳ. ①C912.13-49

中国国家版本馆CIP数据核字(2023)第042080号

◆ 著 [美] 周国元
责任编辑 宋 燕
责任印制 周昇亮
◆人民邮电出版社出版发行 北京市丰台区成寿寺路 11 号
邮编 100164 电子邮件 315@ptpress.com.cn
网址 https://www.ptpress.com.cn
涿州市京南印刷厂印刷
◆开本：720×960 1/16
印张：15 2023 年 4 月第 1 版
字数：160 千字 2024 年 7 月河北第 10 次印刷

著作权合同登记号 图字：01-2022-6748 号

定 价：79.80 元

读者服务热线：（010）67630125 印装质量热线：（010）81055316

反盗版热线：（010）81055315

广告经营许可证：京东市监广登字20170147号

献给所有不安于现状，拒绝故步自封，勇于挑战常规，饥渴般好学又理性、乐观且入世的终身学习者。

目　录

前言
是否会沟通，能否说明白，
很大程度上
决定你能否升职加薪

第一部分 理论篇

第 1 章　什么是结构化商务沟通

第二部分

规划篇

第 2 章　如何做好沟通前的准备

第 3 章　如何“抓关键”和“讲重点”

第 4 章　点线大纲写出故事线

第三部分

写作篇

第 5 章　选择每页的构图

第 6 章　锤炼商务语言

第 7 章　学会用图表说话

第四部分

呈现篇

第 8 章　聚光灯下，如何讲好故事

第 9 章　非正式商务沟通

第 10 章　用表达指引思考和行为

后记
想清楚、说明白是一个缓慢进阶的过程

前言

是否会沟通，能否说明白，很大程度上决定你能否升职加薪

唤醒沉睡的自己

“每个人的表现都差不多，为什么升职加薪的不是我？”

面对职场挫折，我们常常听到类似的抱怨。在抱怨后，多数职场人习惯性地把困境与自身能力脱钩并格外强调他人的干预和环境类因素的干扰，比如别人更有“关系”，更有“背景”，甚至更会“奉承”等。

社会心理学有一个专业词语用来描述这种行为——自我服务偏差[①]。面对挫折，我们倾向于否认自己对失败负有责任，拒绝对自身因素尤其是能力缺陷进行反思。其原因很简单：埋怨对手太强或环境太差是容易的，而要痛定思痛、自我升级是费力甚至痛苦的。于是有人选择“沉睡”，找各种托词为自己的不作为和无改变开脱，毕竟“视而不见”是省力且舒适的。

① “自我服务偏差”是指人们倾向于把成功归因于自己的努力，而否认自己对失败负有责任。

要想成长，职场人必须唤醒沉睡的自己。身处不同成长阶段的职场人需要从意识层面抵制“自我服务偏差”带来的怨天尤人的诱惑，理解“个体职场能力差异决定职场升迁”这一硬道理。

“意识到自己不知道”并直面自身能力缺陷是成长的开始。个人职场能力包括独立思考、高效沟通和落地执行等能力，也就是“想清楚”“说明白”和“做到位”[①]。本书将体系化地阐明：在“想清楚”的基础上“说明白”，是决定个人职场晋升的重要能力之一。

沟通不及格，好像整个人都不行

高效沟通关乎职场升迁，对各个层级的职场人都很重要。

我们经常见到既有想法又有专业知识的职场人，因缺乏沟通能力，在关键的商务沟通场域语塞、无法清楚地表述观点而导致沟通失败。在这类“翻车”现场，熟悉讲者的人在为之扼腕叹息的同时也会评价此人是“茶壶里煮饺子”。“饺子”比喻人们内心中存在却未能表达清楚的真知灼见。

在职场，当我们抹去出于惜才之心产生的同情而更理性地判断时，得出的结论应该是“茶壶里没有饺子”。因为茶壶不是煮锅，本来就不是煮饺子应该用的器皿；而且从结果导向出发，“没有看到或吃到饺子”与“没有饺子”是一样的，都会导致商务沟通失败并严重浪费各方的时间。

在现实中，上级管理者面对说不清观点的下属或制作出荒唐的商务文档

① 本书作者在其另一本著作《麦肯锡结构化战略思维：如何想清楚、说明白、做到位》中将个人能力项分为三类：想清楚、说明白和做到位。“想清楚”是该书阐述的重点，本书则聚焦“说明白”，即高效沟通。

的员工，可能会无情地跳过对其沟通能力强弱的判断，直接否定这个人！也就是说，管理者可能会直接认定这个人缺少真知灼见，即“茶壶里没有饺子”；甚至有可能由于某次关键的商务沟通失败，全盘否定此人的能力，进而直接将其解聘！

是的，职场商务沟通不及格，可能意味着整个人的能力都得不到公司的认可！

尤其是当下，我们处在 VUCA[①] 时代，“说明白”，也就是高效沟通，作为职场人思考品质的承载形式，已经成为衡量个人职场能力的重要标尺。

在很多大型公司，对处于初级管理岗位的员工，人事部门已经逐步把沟通能力设置为评判其表现、决定其是否升迁的重要指标项。那些能写出结构严谨、用语准确的商务文档（包括 MEMO、PPT 和飞书文档等）的新员工，那些能在众人面前自信而从容地精确表达的优秀新人，那些善于团队内部沟通、跨部门沟通以及对外沟通的职场新人，往往会进入晋升的快速通道，更快被提拔并被委以重任。

对沟通能力的筛选也被前置到应聘的过程中。字节跳动、腾讯、希音（SHEIN）等公司的招聘部门用案例演练和呈现等多种手段筛选能思善辩的未来之星，优先录取拥有优秀沟通能力的应聘者。同时，对通过筛选加入公司的优秀管培生，公司会投入大量资源培养其沟通能力。

企业对初级管理者尚且如此，对中层和高层管理者的沟通能力就更为重视了。管理者职责中的“领导”二字本身就是引领和指导或辅导的组合，而引领和指导都要求管理者与其他人员进行高频的沟通和互动。在分工日益精细的今天，管理者层级越高，离一线“做事”就会越远，于是

① volatility（易变性）、uncertainty（不确定性）、complexity（复杂性）、ambiguity（模糊性）。

在“想清楚”基础上的“说明白”就成了中高层管理者工作的核心：在组织层面，管理者要领导团队和向上管理；在实操层面，管理者要解码战略以及分解、落地任务并复盘。这些工作无不要求管理者拥有高超的沟通能力。

在市场竞争加剧的时代，行业领先企业的核心高管对各级管理者都提出了“既要、又要、还要”的多重要求：各级管理者要从过去只会攻坚克难的坚强个体升级成能为企业分忧的战略伙伴。理想的管理者既要攻坚克难，又要善于倾听市场和用户的声音，用系统化思维迎接挑战并快速应变；还要在每次出结果后精准复盘，用统一的语言和高效的方式将情况反馈给上级或总部。只有这样，才能确保公司通过产品、服务以及政策层面的变化持续获得成功，并防患于未然，让公司在日益激烈的竞争中持续胜出。

目前人工智能（AI）科技的突破无疑加剧了职场人自我提升的急迫感。最近，ChatGPT 横空出世，三个月访问量超过 10 亿人次。虽然 ChatGPT 类 AI 产品和服务仍处于发展阶段，但是它已经向世人展示了强大的能力，尤其在沟通层面，其能力甚至已经超越不少职场小白。

职场人要端正对高效沟通的态度，停止“茶壶里煮饺子”式的自我安慰，系统学习结构化的高效商务沟通技巧；否则，就会被快速变化的职场抛弃。

被严重低估的讲故事能力

作为职场必备技能，高效沟通长期被低估。

我们都知道专业知识和技能的重要性，专业能力是“有用”的，往往有可衡量的产出。比如，技术工程师设计了机械手臂，优化了生产流程，机械手臂项目的价值可以通过将节省的工人工时换算成经济效益衡量。相比之下，沟通这类“软”技能在日常工作中的产出很难被量化。更糟糕的是，许多技术专业出身的人认为“专业至上”，会不自觉地排斥沟通能力训练，认为沟通无非是试图用语言技巧来掩饰知识和经验的不足，是一种障眼法，是毫无价值的“忽悠”。

曾经靠技术为生的我，在很长一段时间内都有类似的误解。在加入麦肯锡之前，我有十多年的大数据管理经验，任职于北美技术咨询公司，为世界500强公司做技术项目。站在“专业自信”的巅峰，我曾蔑视专业储备不如自己而大谈特谈抽象的组织和战略议题的职场人，包括我的上级和上级的上级们，认为只有自己才是真正做事创收的中流砥柱。我甚至觉得，世界500强公司的首席执行官（CEO）们也没什么过人之处：这些人整日无所事事，无非在做两件事——握手和亲吻孩子！他们都是“光说不练”的超级演员！

在麦肯锡的工作经历纠正了我对沟通的认知。接触不同风格的职场赢家后，我才发现当年大放厥词的自己，无异于井底之蛙。真正的职场高手可以仅凭文档或口头描述与各方，包括研发团队、用户甚至投资人，探讨产品设计、应用场景和盈利模式等关键话题。他们的持续成功并不在于多么懂专业（专业知识当然是加分项），而在于会讲高质量的商业故事。他们能够聚集成功所必需的资源，团结一切可以团结的力量，最终成就大事。

职场历来不缺少聪明人。自己“想清楚”，然后完全只靠自己做事的聪明人是散兵游勇，在规模化的市场经济中缺乏协作，往往会令他们举步维艰；而“想清楚”后能让其他人感同身受，并主动提供支持和协助的聪明人，就是有前瞻性的领导者。屡战屡败的散兵游勇与持续成功的商业领导者的核心区别，大多不在于专业或智商，而在于那个一直被低估的所谓讲故事的能力，即高效沟通能力。

“讲故事”是年薪百万的严肃事业

麦肯锡公司作为战略咨询公司 MBB[①] 之首，其业务核心是帮助大型企业梳理思路并确定战略。这动辄千万元的战略项目的交付物并不包括战略的实施和落地，只限于几百页的战略规划文档。因此，对麦肯锡的咨询师来说，会写 PPT、会“讲故事”是这个年薪百万元起步的工作岗位的核心要求。

有人可能会问，为什么讲故事会这么值钱？因为对大型跨国企业的决策者来说，公司及其产品方向性选择的影响巨大，动辄就会带来亿万元的变动。尤其当企业进入新赛道或处于转型阶段时，战略方向的选择更是错不起。比如，大型企业对第二增长曲线的选择，成功了会给企业带来数亿元的收入；一旦方向错误，就会造成巨额损失。因此，在数额巨大的经济利益得失面前，大型企业愿意为数据翔实、逻辑严谨的故事买单。

麦肯锡咨询师在制作价值千万元的 PPT 时的压力也可想而知。也正是在服务世界 500 强公司的过程中，麦肯锡形成了独特的高阶商务沟通的原则和方法，我将它称为“结构化商务沟通”。

跟麦肯锡学习结构化商务沟通

对商务沟通的学习者而言，麦肯锡结构化商务沟通是商务沟通高要求的天花板。

作为战略咨询的龙头，麦肯锡培养了大量的商务沟通高手。商务沟通的最高境界是“人 P 合一”，即沟通高手能做到人和 PPT 融为一体，人就是行走

① MBB 是指麦肯锡（McKinsey）、波士顿咨询（BCG）和贝恩咨询（Bain）。

的 PPT。在第 1 章，我们会介绍沟通高手麦肯锡合伙人 M 的精彩故事。很幸运，我目睹了 M 这样的高手做商务呈现时的沟通过程，这让我意识到自身与 M 的差距，从而更有空杯心态，认识到商务沟通学无止境！

在崇拜高手的同时，我们要从商务沟通的基础开始学习。第 1 章会整体介绍商务沟通的四大进阶阶段，以及麦肯锡结构化沟通的核心——3S 原则。之后，本书将按照商务文档的生命周期的顺序，从文档准备、书写到呈现，模块化地介绍商务沟通的原则和技巧，它们依次是“规划篇”（2 ～ 4 章），“写作篇”（5 ～ 7 章）和“呈现篇”（8 ～ 9 章）。

“规划篇”聚焦于商务文档落笔前的筹划。在商务沟通前，我们要明确沟通的目的，为沟通要素做足准备。首先，要根据沟通类型（如外部和内部）制定详尽的沟通战略，避免陷入“过度沟通”和“PPT 诅咒”类陷阱等常见误区（第 2 章）。成功的商务沟通建立在有料的洞见之上，而洞见提炼的 5 步法能够确保沟通内容的提取（第 3 章）。在拥有沟通战略及内容后，麦肯锡强调落笔之前要详细规划商务文档的整体结构，以“点线大纲”为载体的“故事线”是筹划阶段重要的结构化交付物（第 4 章）。

“不会写”是许多读者在撰写商务文档时的痛点，因此本书将重点落在“写作篇”上，它也是篇幅最长的部分。在规划阶段的“故事线”搭建完成之后，我们就进入每页 PPT 的具体创作环节。“写作篇”首先介绍了 PPT 的构图工具，即 6 种“构图组件”：并行、递进、流程、筛选、总分和复式组件（第 5 章）。构图组件能让初学者通过组件的菜单式选择从无从下手的状态快速进入创作状态。除了每页 PPT 的构图与布局，商务文档的语言也是读者在撰写商务文档中的常见难点。麦肯锡推崇的商务文字遵循四大原则：有效至简、专业保守、主动直接和定量具体（第 6 章）。

图表是 PPT 的重要组成部分，也是彰显创作者思考深度和沟通技巧的关键。麦肯锡内部推崇制图能力（charting skills），有超强制图能力的咨询师备受追捧。本书将定量图表分解成5种基础关系——成分、项目、时间序列、频率分布和相关性，每种关系都对应一系列基础和进阶的图表类型。然而，掌握基础关系类型只是起点，在麦肯锡内部被称为“杀手图表”的“多维度图表”才是皇冠上的瑰宝，这也是高阶商务沟通的必需品（第7章）。

“呈现篇”讲解商务沟通的终极考验，即现场呈现。不管商务文档写得多么出色，现场呈现“翻车”就会功亏一篑。虽然商务沟通主要靠内容和专业度赢得听众，但学习开场、控场和收尾的技巧以及掌握应对突发事件的对策，也有助于确保沟通目标的实现（第8章）。此外，商务沟通还会发生在非正式场域，比如电梯里遇到上级并被要求做简短汇报，这时电梯陈述的相关技巧就十分重要。除了故事线5元素（为什么、用什么、怎么做、何人做和投入产出），我们还会介绍其他用于口头陈述的实用模型，如SCR、STAR、W-S-N等（第9章）。

书中的沟通理论和实践主要来源于我在麦肯锡多年来积累的实战经验，部分内容来自我的高管培训课程的讲义。结构化商务沟通要建立在结构化思维的基础上，即“说明白”是建立在“想清楚”技巧之上的。关于“想清楚”的结构化原则与技巧的详细内容可参见我的另一著作《麦肯锡结构化战略思维：如何想清楚、说明白、做到位》。

最后，我想强调的是，麦肯锡结构化商务沟通具有很强的普适性。本书虽然将PPT文档用作商务沟通演示的载体，但阐述的沟通的基本法则和工具可迁移到多种类型的文档上，如MEMO文档、电子邮件等，以及其他软件载体中，如飞书等。而且，麦肯锡结构化商务沟通的原则和技巧的应用场景不仅限于高阶商务场域，还可应用在日常工作和生活的沟通中，从而帮助应用者获得意想不到的提升。

衷心希望书中对麦肯锡结构化商务沟通的体系化讲解能帮助不同阶段的职场人精进“说明白”（沟通）这项职场核心技能，让大家不仅能写出惊艳的商务文档，还能专业地呈现，在职场竞争中脱颖而出。

让我们开启学习之旅吧！

第一部分

理论篇

第1章

什么是结构化商务沟通

从沟通进阶看何谓“高效沟通”

会议室的灯光渐暗，投影仪刺眼的光柱打到灰白的幕布上，平时隐形的些许灰尘在光柱中上下翻转；大家渐渐停下闲聊私语，迫不及待地想听取即将开始的商务汇报。序幕拉开，主讲人缓缓走到会场中心。表演开始！会议室就是职场的大舞台。当聚光灯打在身上时，你最好讲述一个有冲击力的商务故事。

在商务沟通的舞台上，按照沟通技巧的进阶顺序和对沟通技巧重要性的认知程度，可以将讲者大致分为 4 类：自说自话的专家、SWOT 天团、PPT 收割机和沟通高手（见图 1–1），他们的职场沟通水平由低到高构成了职场沟

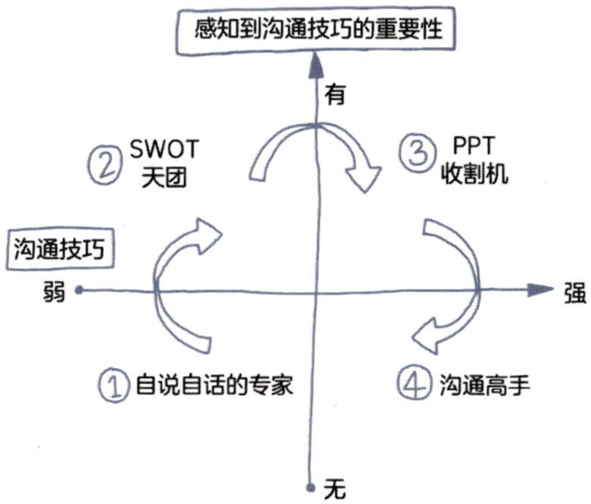

图 1–1　职场沟通的进阶之路

通的进阶之路。没有经过体系化沟通训练的职场人士大多数处于自说自话的专家或 SWOT 天团状态，他们也将是本书最大的受益者。

自说自话的专家

自说自话的专家缺乏沟通技巧，并且没有意识到沟通技巧的重要性，处于沟通的底层。他们的内心独白是“我最懂，你懂什么？！”（见图 1–2）。

图 1–2　自说自话的专家的内心独白

意识和态度上对沟通的误判属于认知层面的缺陷，是职场人提升沟通能力的最大阻碍。这类职场人对商务沟通没有给予足够的重视，因为很了解内容所以就经常自信地认为，自己靠着过往经验和专业知识可以自如应对任何沟通场域。虽然因自身缺少基础沟通技能导致其在商务沟通中漏洞百出，但囿于认知水平，他们通常对他人给出的建设性反馈有强烈的抵触情绪。

自说自话的专家在会议中的沟通表现具有以下鲜明特点：

- 不顾听众的关注点而沉浸在自己熟悉的话题中不能自拔；

- 经常运用专业、晦涩的词语或英文缩写来营造专业感；
- 当听众表示不懂时，不但毫无歉意，反而得意之情溢于言表；
- 面对质疑时直接用专业和经验反击：“你懂什么？你见过几个类似的案例？我做了这么多项目难道会错？”
- 商务沟通基本功不扎实，文档上贴满各种原始数据而无洞见和提炼，站姿、语气等不专业。

但是，以上都不妨碍“专家”自信心爆棚。

盛行工程师文化的科技公司很容易成为盛产“专家”的重灾区。公司从高层开始、自上而下崇尚技术引领而轻视商务沟通；项目完全由“专家”负责，对商务文档无具体要求；内部会议缺少明确议题，讨论时东拉西扯。

这种“科技风”的沟通风格在公司发展初期所产生的副作用并不明显，有时甚至是高效团队的特色。毕竟在公司发展初期，团队人数少且彼此熟悉、信任，项目复杂度也十分有限。然而，随着公司规模的扩大和项目复杂度的提升，跨部门协作和内外部联动日益频繁，商务沟通的质量和效率作为协作的基石将逐渐被提升到重要的位置。

在职场升级的过程中，“专家”沟通能力的短板会暴露无遗，然而“专家”受困于意识茧房，很难突破。人们经常看到，创始团队的核心成员由于缺乏沟通技能，在高阶商务沟通中屡战屡败，逐渐被边缘化；有幸留在公司的成员中，很多仅从事后台支持工作，其职场发展陷入停滞状态。

认知层面的突围往往需要外部强刺激的诱发。当年我加入麦肯锡后，事业转型的经历让我放下虚无的专业自尊，和高手共事让我意识到自己沟通能力的缺陷。真诚希望本书可以帮助“专家”们开启职场沟通的进阶之旅。

SWOT 天团

SWOT 天团既能认识到职场沟通能力的重要性，也有提升该能力的学习意愿，但由于经验不足或知识不够体系化，他们在商务沟通能力方面仍是处于幼稚期的职场人。当今职场中的大多数人应该都是 SWOT 天团，他们既是可塑之才，也将是本书最大的受益群体。

SWOT 天团这一称谓源于同名的经典分析框架。SWOT 分析是最常见的管理分析模型（见图 1–3）。对管理知识有初步认知的职场人经常误认为 SWOT 分析高端大气。然而，入门级分析框架在呈现中的滥用恰恰是缺乏沟通技巧的体现。

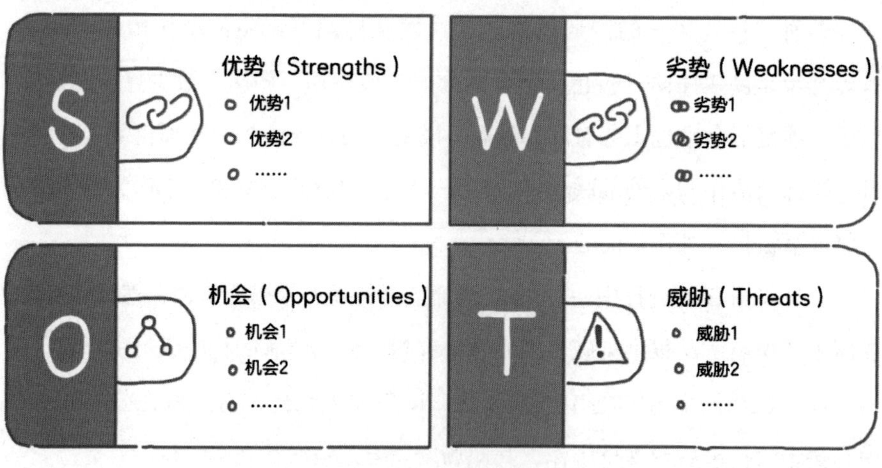

图 1–3 SWOT 分析

SWOT 分析虽然听着酷炫，但在分析颗粒度和用法方面都不合格。在分析颗粒度方面，SWOT 本质上近似于只做了单一维度的切分，在分析深度上并不达标。该模型主要用“内部 vs 外部”来切分，在此基础上，又用“好 vs 坏”建立 4 个象限：“内部”的“好”就是优势，“内部”的“坏”就是劣势；而“外部”的“好”就机会，“外部”的“坏”就是威胁。颗粒度粗糙带来的直接结果就是分析过于笼统。而且，梳理思路的工具不应该被用于呈现结论，即便一定要放在 PPT 文档中，SWOT 分析也应该出现在附录中。因此，在 PPT 中经常使用 SWOT 框架则说明，作者对商务沟通有认知，试图套用经典框架，但对商务沟通的常识一知半解。

SWOT 天团往往是职场新生代，他们好学、有冲劲儿，但缺乏对商务沟通的体系化学习，其在商务沟通中的表现常具有以下特点：

- 盲盒 PPT 模板，没有人猜得到下一张 PPT 的色系；
- 时大时小的字体和飞进飞出的动画；
- 文档缺乏结构，想到哪儿写到哪儿；
- 太多原始数据，抓不住关键，也缺少洞见；
- 经常使用 SWOT 框架。

SWOT 天团是可造之才。通过学习本书内容并勤于实践，这一类职场人的商务沟通能力会有明显提升，他们有机会进入 PPT 收割机行列。

PPT 收割机

PPT 收割机是通晓专业商务沟通技巧、基本功扎实的职场沟通熟手。他们把沟通“术”运用得炉火纯青，从而可以轻松应对大多数高阶商务沟通场域，他们也因此受到上级的赏识，有很大概率进入职场发展的快车道。

PPT 收割机中的“PPT”泛指各种职场商务文档，如项目计划书、复盘文档、述职报告等；“收割机”形容能如收割机收麦子般快速制作并呈现高质量商务文档的能手。他们往往拥有“想明白”的思维内核，又精通商务沟通的原则和技巧，能把真知灼见精准地传达给相关人员。

在会议中，他们的文档和呈现的风格具有以下特点：

- 形式专业且统一，采用公司文档色系和风格，或者采用保守个性化模板；
- 结构中规中矩，文档各组件的用法符合商务呈现规范；
- 叙述的故事线完整且详略得当，能根据听众需求随机应变；
- 直奔主题且抓得住关键，内容干货满满；
- 现场呈现有节奏，完美掌握开场、中场和结尾的节奏。

让读者成为 PPT 收割机是本书的目标之一。能创作高质量的商务文档并成功展示是百万年薪工作的敲门砖。在麦肯锡这样竞争激烈的战略咨询环境下，天资聪颖的 MBA 应届毕业生接受大约半年到一年的实训就可以实现这一目标。

沟通高手

对沟通高手来说，商务沟通是一门艺术。超高水平的商务沟通往往超越形式和“术”的技巧，在常人欲辩已忘言时，沟通高手举重若轻，可以用平实的语言精准地捕捉问题的实质。沟通高手的一颦一笑都可以让受众领会中心观点，且丝毫察觉不到沟通高手在应用沟通技巧。

如果说 PPT 收割机是优秀的商务沟通匠人，那么沟通高手就是沟通艺术家。沟通高手与 PPT 收割机的核心区别体现在对技巧和工具依赖的程度上。

我常开玩笑说，PPT 演示的最高境界是“人 P 合一”：讲者即 PPT，PPT 即讲者。沟通高手就是行走的讲义，可以根据不同场域和听众的特点，随心所欲地用听众能听懂的词语实时演绎 30 秒、10 分钟或几小时等不同内容量的沟通版本。

麦肯锡盛产沟通高手。我有幸与几位沟通高手共事，钦佩之余我也自叹不如，提醒自己学无止境。多年前，我曾参与货币电子化项目。那次最终汇报的规格非常高，而且汇报要呈现的战略成果事关该国银行业未来科技战略的走向。项目小组面临的压力可想而知。

正在小组积极备战时，麦肯锡新加坡办公室的资深合伙人 M 飞到当地，在没有了解项目细节的情况下，他临时通知项目小组他将代表大家做最终的汇报陈述，而他只有不到两小时来熟悉内容并准备口头呈现。

M 把项目小组成员叫到一起，让大家把战略 PPT 的故事线给他讲讲。然后，M 一页页地翻阅文档，问了几个相关的数据问题。通读之后，M 目光坚毅，满怀信心地对大家说：“干得好！大家做得很好，这是一份高质量的报告！”然后解释由他来汇报的这一决定不是出于对大家的不信任，而是为了更好地与客户沟通，这次交付风险高而他的职位让他相对容易控场。他还告诉大家要做好数据支持的准备，如果被问到细节问题，各工作流[①]的负责人要全权负责。

最后，M 说：“请大家相信，我能把这么好的报告无损地呈现！”

岂止是无损地呈现！当聚光灯照在 M 身上时，他简直就是真正的明星。M 先讲了一个与主题相关的逸事暖场，缓解了现场严肃的气氛后直奔主题。他一开始都没翻 PPT，画面停留在标题页有 10 分钟之久，仅通过口头陈述就逻辑清晰且有理有据地把货币电子化的必要性说得明明白白。整个演讲环环相扣，由浅入深。面对听众的反馈甚至质疑，他也能因势利导，快速反应。

① 麦肯锡内部将战略项目拆分成的子项目，每个子项目都由一名团队成员端到端负责。

这时 PPT 只是数据层面的辅助。只有他的观点需要细节数据支持时，他才会翻到 PPT 中的相关页。逻辑如此连贯，内容如此熟稔，完全听不出来 M 之前都没参与过项目！M 只用了不到两小时就生成了这套优秀的话术！

当沟通成为一种艺术时，它已经超出了本书的范畴。沟通高手在台上 1 分钟的精彩可能需要 10 多年的修行。作为麦肯锡金融科技的资深合伙人，M 积累了充足的专业知识和经验。艺术看天分，而天才可遇不可求。因此，还处于自说自话的专家或 SWOT 天团水平的职场人要先在商务沟通“术”的层面丰满羽翼，努力成为一个能持续产出高品质文档的“收割机”，同时也要意识到沟通高手的存在。以沟通高手为榜样，我们会更加谦虚地前行。而且，梦想总是要有的，万一实现了呢？

什么是麦肯锡结构化商务沟通

麦肯锡公司是战略咨询界公认的翘楚。在近百年的时间里，麦肯锡公司不间断地帮助世界级先进企业解决至难的战略问题。佳绩频创的同时，麦肯锡也以价格昂贵著称。麦肯锡的战略项目一般配置 3 ～ 4 个组员，用 8 ～ 10 周的时间交付项目，向客户收取上千万元的咨询费用。

高质量的沟通是麦肯锡的战略项目持续成功的关键。如前所述，对麦肯锡而言，一个项目的交付并不是传统意义上的实施或落地。战略项目的产品或服务是麦肯锡咨询工作小组就所承诺的战略问题进行详尽的分析和推演，并在此基础上提出的得到客户肯定的体系化解决方案。麦肯锡的项目交付物只是一个严谨的战略故事，一个涵盖战略方向和落地方案的数百页 PPT 文档。

由于前瞻属性和市场变化等多种不确定因素，这套价值上千万元的战略文档在交付时缺少可量化的关键绩效指标（key performance indicator，KPI）。

于是，客户对最终汇报的首肯和接受成了唯一的评判标准。麦肯锡团队必须确保在最终汇报中与客户保持高质量的沟通，任何未被充分解答的问题，涉及数据和逻辑等，都会被当作项目交付不完整的证据，甚至会影响咨询费用的收取。也就是说，对麦肯锡来说，与客户沟通的失败意味着项目的失败。

在这样的高标准下，麦肯锡在多年战略咨询实践的磨炼中研发出一套结构化商务沟通的秘籍。

商务沟通比较容易理解，是指此类沟通技巧多用于高阶商务场景，如战略规划、融资路演或项目过会等；结构化则有两层含义。

一方面，将结构化沟通建立在结构化战略思维的基础之上，是让“想清楚”向下延伸的关键步骤。我的另一本书《麦肯锡结构化战略思维：如何想清楚、说明白、做到位》详细介绍了“战略”这一问题属性，结构化则是解决战略属性问题的方法手段——“想清楚”的思考体系，包括维度“切分”、新麦肯锡五步法和四大原则等。结构化思维虽然能确保生成以数据为基础、以逻辑为黏合剂的洞见，但无法保证洞见可以高效无损地传播。作为结构化思维的产物，洞见或商务洞察的传达还需要与之匹配的一系列沟通原则、工具和技巧，而这些原则、工具和技巧就是麦肯锡结构化商务沟通的核心内容。

另一方面，结构化沟通以结构为主要特色，结构也是其最重要的元素。结构化沟通建立在结构化分析的基础上，强调对沟通整体进行谋篇布局，因此结构必须先于细节创作，作为第一要务确定下来。而且，结构的重要性不光体现在文档整体上，每一页 PPT 甚至每一张图表都是结构先行的产物。

麦肯锡结构化商务沟通是 MBB 类公司在战略咨询项目中运用的主流沟通方式，是沟通在商务场域中的特殊适配。我们将从麦肯锡结构化商务沟通的核心——沟通 3S 原则开始学习之旅。

麦肯锡沟通 3S 原则

在商务场域，如果讲者拿起麦克风逗趣了一番后，用一个通俗易懂的句子概括了自己的核心观点，“这个项目值得投入”，接着解释道，“我从 3 个层面和大家聊聊这个判断的由来……”，此人大概率是个结构化沟通的高手。

虽然商务沟通因形式、内容和场域而千差万别，但是麦肯锡结构化商务沟通遵循的沟通 3S 原则相对稳定，它贯穿于具体商务沟通从创作到实施的整个生命周期。麦肯锡沟通 3S 原则包括严谨缜密的战略（thoughtful strategy）、紧凑的结构（tight structure）和专业的风格（professional style）（见图 1–4）。

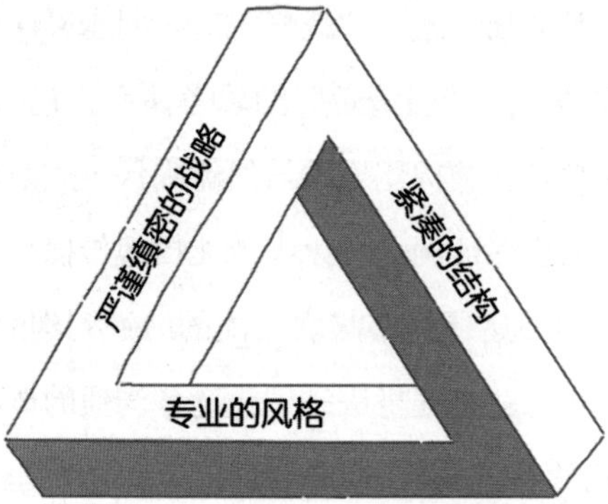

图 1–4　麦肯锡沟通 3S 原则

严谨缜密的战略

首先，我们要正本清源，重新审视商务沟通的目的。商务沟通，尤其是关键的高阶商务沟通，其过程中的信息交流和分享等都是为了最终达成共识并采取行动，因此要避免任何与目标无关、冗余甚至有害的沟通行为。这要求我们在沟通之前，克制立即沟通的冲动，认真思考每次沟通的具体目的、沟通的对象和沟通的具体产出等方向性问题，并利用简易的沟通战略规划工具，目的鲜明地指引沟通的具体规划和部署。

其次，关键的商务沟通是不可逆的，也就是说，一旦实施就无法彻底消除沟通产生的影响，因此要谨慎为之。

第一，在沟通频率上要保持一个平衡的“度”：过度沟通和不充分沟通都会产生负面效果，我们要避免过犹不及。

第二，要尽量压缩沟通内容中的信息量。后文会介绍麦肯锡对外信息交流遵循的有效至简原则。该原则提倡给予相关方恰好足够的信息，冗余而无关的信息不利于聚焦，也会增加出错的风险。

第三，明确区分外部沟通与内部沟通。外部沟通不同于内部沟通，其影响面广、潜在风险巨大，因此公司在外部沟通的人员、内容和方式的管理方面要有明确的规定。

沟通战略不仅适用于关键的高阶商务沟通，也适用于职场上高频的日常沟通。如果用战略视角重新审视日常沟通的目的、对象和期望产出，深究一下沟通频率、信息量和内外部属性等细节，那么我们一定会找到有利于优化沟通的新发现。

紧凑的结构

商务沟通必须有结构，而且要结构先行。麦肯锡结构化商务沟通强调从结构开始设计文档，只有在结构完整、成熟之后才能填充具体内容。我们常见的先创作细节再提炼结构的做法，往往会因为缺乏聚焦而严重浪费时间并造成低质量产出。

用点线大纲承载的故事线是结构化商务沟通的核心结构化工具，贯穿于商务文档生成的全周期。故事线的 5 元素（为什么、用什么、怎么做、何人做和投入产出）符合大多数商务沟通的要求。在项目初始期，我们以故事线为指引生成“第一天的答案”，即文档初步思路；随着调研的深入，我们要持续精练、更新并完成最终的故事线。每页 PPT 上的文字和图片等都基于故事线主干进行细化和扩充产生的。

专业的风格

根据目的和方式的不同，商务沟通的风格和技巧也各有特点。商务沟通按照沟通目的可分为两大类：宣贯型和分析型。宣贯型沟通的目的是让听众记住所呈现的主题，因此这类沟通并不在意内在的逻辑和数据支持。比如，公司销售部门动员会的 PPT 一般都属于宣贯型文档。宣贯型沟通更多依靠营销技巧，比如重复的口号、巨大的字体和挥舞的手臂。宣贯型沟通不属于本书讨论的范围。

麦肯锡结构化商务沟通适用于分析型沟通，这也是职场商务沟通的主流。分析型沟通的主要目的是分享观点、听取反馈、达成共识和推进方案等。分析型沟通需要通过数字和逻辑说明观点并提出相应的举措。文档的作者必须清晰地定义要解决的问题，适当展示其分析和推导的过程，给出解决方案，对反馈甚至质疑进行回复，争取达成共识。

在分析型沟通中，麦肯锡强调专业的风格和技巧。风格和技巧的内容很丰富，比如文档色系，MBB 公司都有各自专用的色系：麦肯锡的蓝、波士顿咨询的绿和贝恩的红。色系会在所有 PPT 和其他展示媒介上被反复强化，给观众强烈的视觉统一感，以强化品牌识别度。除了颜色统一，麦肯锡禁用任何有可能分散听众注意力的浮夸展示技巧：大小不一的字号、花哨的颜色以及飞进飞出的动画特效等。在内容上，麦肯锡更推崇有效至简和专业保守的风格。麦肯锡认为，专业交流的核心是靠干货或洞见服人。这种专业理念在 PPT 制作和呈现技巧中得到了强化和体现。

普适的高阶沟通技巧

从麦肯锡沟通 3S 原则的内容看，我们不难发现结构化商务沟通的内涵和外延十分丰富，是完全独立于“想清楚”或思考的能力项。在“想清楚”的过程中，我们强调用新麦肯锡五步法[①]和四大原则来解决问题，强调提取洞见。在我们抽丝剥茧地把问题的实质分析到位并生成解决方案之后，下一步要聚焦于如何确保沟通成功。麦肯锡沟通 3S 原则和具体的沟通技巧会确保高阶商务沟通的无损和高效。

虽然本书以高阶商务沟通场域，如融资路演、投标、项目立项或开会、年度述职报告、项目规划或复盘等为背景，但结构化商务沟通的原则和技巧具有普适性。正因为高阶商务沟通意义重大，它的成败直接影响个人、团队甚至企业的发展，是职场必赢之战，所以人们才对商务沟通提出更高的要求。在高标准的要求下，麦肯锡成为高阶场域的持续赢家。

本书将体系化地介绍麦肯锡经过多年战略实战磨炼的高阶商务沟通的制胜法宝——结构化商务沟通。我们需要学习经典，以高标准要求自己，反复练

① 《麦肯锡结构化战略思维：如何想清楚、说明白、做到位》中新麦肯锡五步法包括定义问题、结构化分析、提出假设、验证假设和交付。

习。假以时日，我们会从自说自话的专家和 SWOT 天团进阶到 PPT 收割机。如果能将结构化商务沟通应用于日常职场沟通，我们就会惊喜地发现自己已然成为沟通高手。

第二部分

规划篇

第2章

如何做好沟通前的准备

沟通战略的定义

沟通战略（communication strategy）是高阶商务沟通中应用十分广泛的概念，是指针对一个具体的内容、事件或听众群体在信息互动之前准备的沟通计划。

高阶商务场域中的沟通战略一般以正式书面文档的形式被记录。融资路演或项目过会这样的高阶商务沟通场域的沟通背景十分复杂，沟通后的决策影响巨大，而且关键决策者之间有时存在意见分歧甚至有严重的利益冲突。在这种情况下，作为沟通的发起方，我们需要严肃对待沟通前的准备工作，尽量做到万无一失。在日常商务沟通中，沟通战略比较随意：沟通前认真思考沟通目的、主题和听众状态，权衡不同交流方案的优缺点，简单记录思路甚至打个腹稿都可以说是在准备所谓的战略了。

沟通战略规划是麦肯锡商务沟通中的关键一环。在针对级别最高的战略项目最终汇报之前，麦肯锡团队总会做足准备工作：精修 PPT 文档，进行多轮准备会和演练。麦肯锡内部有“没有过度的准备”的说法，要求团队将沟通准备工作做到极致。在沟通准备阶段，麦肯锡团队内部会使用沟通关键成功要素这一工具（见表 2–1），体系化地逐一斟酌沟通成功要素，用翔实的分析指引商务沟通战略规划。

表 2-1　沟通关键成功要素

沟通前考虑的因素	根据实际情况填写
沟通的目的（期望产出的结果）	
沟通的时间（时间长度及时间点）	
沟通的形式（文字沟通或面对面汇报）	
沟通的物理空间（线上或线下，具体描述）	
听众的背景（相关人员的角色，谁可能反对或支持）	
听众的意愿（是否关注）	
听众的情绪（好感或反感）	
听众习惯的展现风格（沟通的倾向性选择）	
听众关心的要点（总结3点）	

沟通前考虑的要素

我们可以通过对沟通关键成功要素[①]（key success factors，KSF）的分析设计沟通战略，确保高阶商务沟通的价值最大化，以及产出符合甚至超越预期的沟通成果。

沟通的目的：商务沟通要有明确的目标。

商务沟通具有鲜明的战略属性，并没有所谓的标准打法或正确姿势。与面对其他战略属性问题一样，我们要抑制立刻做事的冲动，启动大脑系统 2 “慢

① 是为确保良好绩效并为应对环境中重要的要求，结合本身的特殊能力总结而成的成功必备要素。

速思考”[①]，先问自己“为什么要沟通”（why）。只有清楚沟通目的之后，我们才能思考“沟通什么”（what）和“如何沟通”（how）等细节。

前文提到商务沟通分为宣贯型和分析型。麦肯锡结构化商务沟通不是如宣贯型沟通一般的单向灌输，而是分析型沟通。我们需要与听众分享信息、收集反馈，与听众讨论并共同做出判断或决策。分析型沟通的目的要符合 SMART 原则：具体（specific）、可衡量（measurable）、能落地（actionable）、每项都有负责人（responsible）、有时效（time-bound）。

在实战中，沟通目的可以理解为会议议程（agenda）中对会议目标的高度概括。我们看看下文的会议议程（节选）是否符合 SMART 原则。

“在某年某月某日的基金投资决策会上，将由项目组组长向投资委员会成员讲解投资 A 公司的投资建议书，投资委员会成员会根据讨论结果做出投资与否的决策；如果投资决策通过，还将进一步讨论投资总额和投资节奏等细节。”

这段关于投资委员会沟通目的的描述符合 SMART 原则。投资决策有具体日期，符合有时效原则。沟通目的，即投资与否的决策也十分具体并能落地，投资总额和节奏是可衡量的，而且每项活动都有明确的负责人，比如项目组组长负责讲解投资建议书，投资委员会成员根据讨论结果做出决策等。

有时为了便于内部讨论，除了对外的会议议程总结，我们还可以生成仅供内部使用的版本，比如将目的细化成“保守的”和“激进的”，进一步调整沟通策略。

① 诺贝尔奖获得者丹尼尔·卡尼曼教授在《思考，快与慢》中指出，大脑有两种不同的思考系统：以直觉和感性为基础的系统 1，其负责快速思考；理性的系统 2，其负责慢速思考。系统 2 负责理性逻辑分析。

> **小贴士** / 养成良好的会议习惯：自己主持会议时要保证会议开始前有会议议程，会议结束后有会议小结。在职场中，日常会议是展示个人能力的良机，如果我们能从每个会议做起，思考会议目的和参会人的期望并做好规划，持续高质量地主持会议，那么假以时日，定会脱颖而出。

听众的背景：高阶商务沟通中的听众与决策者往往指同一人群，他们是沟通成败的最终裁判，其背景和角色是沟通战略的重要考量因素。

商务沟通是双向的。我们将商业主张传递给听众，同时期望听众发出符合我们沟通目的的反馈。这就要求我们了解听众的习惯、专业和文化等背景，预测听众对沟通的期望，避免因背景差异而陷入各说各话的窘境。比如，成熟投资机构的决策者一般较为专业，对项目细节要求很高，沟通过程中会对逻辑和数字抠得很细。那么在沟通过程中，我们就要相应地将沟通重点放在商务文档的准备上，沟通前反复推敲项目细节，确保数据精准、逻辑严谨。有些决策者比较感性，看重大方向，那么在沟通过程中，宏观的商业模式和未来预测就比项目细节更重要，而且团队构成、过往业绩和知名相关方的介绍等让感性的听众感觉靠谱的要素需要突出展示。

在沟通过程中，对不同的听众要有所区别。在项目管理相关人员的 RACI 模型的基础上，我们可将听众分为 RACI+O 五类人员：R 代表责任人、A 代表负责人、C 代表被咨询人、I 代表被通知人，以及 O 所代表的潜在反对者。在这五类人中，责任人（谁是具体领导者）、负责人（谁来最终批准）和潜在反对者（谁可能反对）最为关键，他们是影响沟通战略和具体战术制定的重要角色。

虽然责任人和负责人都拥有直接影响决策的能力，但责任人是具体领导者，有时就是沟通发起人，属于执行层面的发言人；负责人是高阶商务沟通的最高决策者，是沟通中最具影响力的关键人。因此，收集并分析负责人的做事风格和决策习惯至关重要，我们要因人而异地调整沟通战略。比如，某负责人有在会前做判断的偏好，也就是说汇报只是走个过场，那么我们就要做出调整，提前与负责人充分讨论。

对潜在反对者的分析经常被忽略，但他们的意见犹如难防的冷箭，会给项目带来灾难性的后果。潜在反对者是根据态度划分的，可能来自 RACI 的任何一方。在现实中，负责人作为最高领导者即便支持某一提案也不会一开始就表态，往往会先听取所有人的意见。如果这时潜在反对者提出疑问，而讲者给不出令人信服的回应，负责人就会搁置争议、暂缓决策。潜在反对者在发难之前处于隐身状态，因此在进行高阶沟通前，我们最好认真思考潜在反对者的动机和主张，做足防御准备。

听众的意愿和情绪：识别听众的情绪，对理解听众的心理状态，预测听众的意愿有着重要作用。

通常，当讲者感觉听众产生不信任或排斥心理时，可在沟通开始阶段尝试同理心[①]技巧。

第一步：直面问题，挑明担忧；

第二步：表示理解，建立链接；

第三步：驳斥担忧，提出观点。

比如，线下素质教育连锁店的创始人做融资路演时，大部分听众是中型风险投资（venture capital，VC）的投资经理和高净值投资人。你知道投资人对教育赛道有担忧，他们在投资意愿上有所保留。你可以使用下面的同理心三

① 同理心是设身处地地分享、理解他人情绪和需求的能力。该定义出自《同理心：做个让人舒服的共情高手》，作者辛迪·戴尔，译者镜如，台海出版社出版。

步法。

第一步，直面问题，挑明担忧。“在座的都是教育投资领域的专家，见多识广。大家肯定知道目前整个教育行业受到了很大的影响，而且之前由资本催熟的高速扩张也让行业氛围变得浮躁，各家机构为了业绩不惜下血本获客，可最后都不盈利。”

第二步，表示理解，建立链接。“作为教育行业的创业老兵，过去3年我经历了整个赛道翻天覆地的变化，这些担忧都是合理的。我们旗下的K12教育门店也全面关停。”

第三步，驳斥担忧，提出观点。“可市场依然在。我们重视教育、肯为孩子投资的特质没有变。作为行业领先品牌，我公司顺应变化、做出了‘素质教育’线上线下融合的重大调整，疫情3年收入不降反升，而且通过自媒体运营和口碑营销降低了获客成本，公司成本结构健康。下面我来分享一下我公司的全新模式……”

这是一个不错的开场。讲者对听众的意愿和情绪在事前有精准的把握，能用简单的开场白建立共同的认知框架和链接，为后面的细节陈述和最终融资成功奠定坚实的基础。这种定制化沟通建立在对听众意愿和情绪精准预判的基础上。

听众习惯的展现风格：各类人群在沟通的习惯和偏好方面不尽相同，讲者要提前了解并尽量尊重。听众习惯和听众偏好受企业文化的影响，与公司文化背景强相关。比如，有些企业实行分级严格的管理，推崇上下级命令式的交流方式，会议座次和发言顺序都有不成文的约定，杜绝任何越级行为。面对这样的沟通习惯和偏好，我们要“入乡随俗”地调整，比如明确沟通部门的等级（如总经办），采取的沟通方式尽量符合对方的企业文化，尽量减少跨层级的头脑风暴。

很多创新型互联网企业推崇注重效率的直接沟通方式。面对这类群体，我们同样需要调整商务交流的方式，比如呈现时直奔主题并加快交流节奏，通过大量数字分析、穿插视频直观地展示信息等。

对交流习惯和偏好的了解、尊重和适应是确保沟通成功的关键因素。然而，这种适应的红线是不能违背逻辑和数据导向原则的，更不能放弃团队的独立判断。保持独立和客观是麦肯锡获得长期成功的基石。关于沟通习惯和偏好，麦肯锡一向推行以逻辑和数字为导向的沟通方式，也用这种高效沟通影响和改变着越来越多的中国企业。

听众关心的要点：沟通时我们要直接回答听众关心的要点问题，甚至针对一些要点组织整个商务沟通。

在沟通过程中，我们有时会遇到敏感的难题。面对难题，心存侥幸而闪烁其词是徒劳的。要点问题被追问时，延后回答反而会对听众情绪产生不良影响。拖延又语焉不详会导致沟通失败。有经验的讲者会在沟通一开始就直接回应听众最关心或最棘手的问题。

如果真的没有好的答案，我们可以推迟或取消沟通，重新聚焦于寻找真正的解决方案。商务沟通技巧可以让真知灼见高效传递，却无法掩盖它的缺失。

沟通的时间：这里的时间有两层含义。第一层含义是时间长度。商务沟通现场可以用来呈现和互动的时间是有限的，时间长度是制定沟通战略要考虑的要素之一，比如在时间有限的情况下，上百页 PPT 的沟通效果一定不理想。麦肯锡战略项目的最终汇报往往是 3 小时以上的闭门汇报，汇报团队会准备长短不同的两个版本：汇报版本的正文是不超过 50 页的 PPT，用于汇报现场的互动；作为完整资料留给客户的最终文档则动辄几百页，外加繁杂的 Excel 等数据模型包。

第二层含义是指此次沟通在整体项目周期中所处的时间点。沟通战略会根据不同的时间点调整。比如，是中期汇报还是最终汇报决定了沟通中的侧重点有所不同。战略项目中期汇报主要是给客户更新进展、分享初期的发现，确认下半阶段的调研方向和重点，同时沟通所需支持和已知风险。因此，中期汇报的仪式感弱，主要是交流和探讨，而最终汇报作为解决方案的终极考验，往往严肃而正式，需要项目团队全力以赴并做到极致。

> **小贴士** / 出于对听众的尊重，讲者在高阶沟通场域要有强烈的时间观念，聚焦关键点并根据听众的反馈对后续沟通内容进行调整：对大家都熟知的信息（如背景信息）和共识（如公司战略）要从略，对大家都关注的甚至略有争议的议题要分配更多的时间讨论。

时间要素（如时间长度和时间点）会影响沟通战略的规划，所以时间也可以成为沟通战略的有益选择。比如，为了更好地服务于沟通战略，我们可以通过调整商务沟通的时间长度实现最终的沟通目的。

沟通的物理空间：商务沟通所处的空间和场所，在大多数情况下也是沟通的限制条件。物理空间的细节包括投影仪、麦克风、座椅摆设、名签等，如果有远程参加会议的与会者，还包括视频会议设备的调配等。对高阶商务沟通，讲者要尽力做足物理空间方面的准备。物理空间经常出现突发状况，具有随机性，因此我们要在可控因素上做好充足的应对准备，比如团队提前到场做准备，准备备用方案等。

我们对物理空间的突发事件要有正确的认知。纯属意外的突发事件，如会场停电，并不是团队的问题，因此完全没有必要自怨自艾、乱了阵脚；意外发生时反而能显示专业性、创造力和掌控力，如果团队能够从容不迫地解决物理空间的突发事件，那么会提高听众对团队的印象分。比如会场投影仪不好用，就用白板互动；如果没有白板，就将提前准备好的印刷材料分发给听众并有条不紊地引领他们阅读，同时安排会场设备的替换。

沟通的形式：商务沟通有 4 种主要呈现形式，即口头陈述、文档备忘录、PPT 文档和白板演示。只有了解各种沟通形式的特性，才能正确选择适合特定商务场域的形式。

一是口头陈述。口头陈述不借助其他交流辅助工具，仅靠口头交流（包括神态和肢体语言等）进行商务沟通。口头陈述有时间长短之别。一般来说，在口头陈述中，限时越短对讲者的要求越高。讲者需要在短时间内用简单直白的话来阐述一个相对复杂的想法。沟通中经典的电梯陈述（elevator pitch）就是这种精华短版口头陈述的极致演绎，要求讲者在 30 ～ 60 秒完成核心观点的表述。

二是文档备忘录。文档备忘录（包括电子邮件）曾经是商务沟通中被高频使用的形式。由于备忘录篇幅限制少且准备时间相对充裕，作者可以把思路、推理过程、支持材料等相关信息罗列出来。在办公系统发达的今天，企业微信和飞书等即时通信工具逐渐成为日常商务沟通的常用工具；而正规的文档备忘录大多为了数字化留痕，以便日后重温回顾。

三是 PPT 文档。PPT 是微软公司为职场交流开发的主流展示软件，也是当今会议中主流的呈现形式；这里用 PPT 泛指呈现用的所有软件媒介。虽然受到新生代 IT 解决方案的冲击，但 PPT 依然是高阶商务沟通的默认选择。精致的 PPT 文档不仅表明作者对讨论的问题做了充足的准备，也表现出作者对此次沟通工作的重视。关于商务文档布局谋篇和书写的通用技巧，本书将在第三部分“写作篇”中详细阐述。

四是白板演示。白板演示是相关人员站在白板前，拿着白板笔边书写边与团队讨论的共创过程。白板演示是4种主流商务沟通形式中互动性最强的形式，通常适合小范围的互动式讨论。白板演示在包括大型互联网公司在内的先进企业的会议讨论中十分常见，也是麦肯锡在头脑风暴时的首选工具。

4种呈现形式各有利弊。在高阶商务沟通中，沟通形式绝不互相排斥，可取长补短搭配使用。在具体沟通中，大家可根据现场情况灵活选取2～3种不同形式。比如，针对PPT中难懂的部分，讲者可以转用白板做互动式讲解。麦肯锡在战略项目中会根据不同场域用到以上4种沟通形式：准备口头陈述，以备随时与关键人沟通；精致的PPT是必备的，呈现时既要有不超过50页的精华版，还要有几百页的PPT或文档备忘录①作为移交材料。白板演示是头脑风暴和会议中常用的。

麦肯锡要求讲者可以在4种形式中随意切换，尤其是面对突发事件时，比如会议时间被意外压缩，关键人不接受某种形式（如拒绝看PPT），会议室设备出现问题等。如何应对突发事件在第8章中有详细描述。这里要强调的是，在4种沟通形式中，口头陈述便利且灵活，优势明显，是讲者必须掌握的应急沟通形式。

> **小贴士** / 讲者必须具备脱稿讲PPT的能力。在很多商务沟通场域，听众由于时间、习惯和物理等限制因素，会要求讲者做口头陈述。

① 麦肯锡内部称它为“竖版材料”（Vertical）。

常见的沟通陷阱

详细分析沟通关键成功要素为沟通奠定了坚实的基础。在进行高阶商务沟通前，我们还要注意常见的三大沟通陷阱：过度沟通、外部风险和 PPT 诅咒。

过度沟通

“这次沟通真的有必要吗？”

在沟通前思考这个简单的问题，可以有效避免低效甚至有害的商务沟通。

职场中无沟通或缺乏沟通带来的问题显而易见，不但不利于项目推进，而且不利于管理上级预期。项目上的沟通不畅首先会造成相关信息的严重不对称，进而导致团队协作受阻、项目推进艰难。项目各相关部门如果对项目目标、关键时间节点或阶段交付物的理解有偏差，对自己的责任不明晰，就很难形成合力，项目推进必然举步维艰。另外，项目所有者（总负责人或项目负责人的直管领导）需要获取信息，了解项目进展，掌控全局。对项目所有者而言，“没有消息”往往不是什么“好消息”，而是失去可视性和控制力的体现。如果长时间得不到新信息，敏锐的领导者会因信息缺乏而采取相应措施，比如对具体负责人予以警示并勒令其限时更新信息等。

商务沟通中的过度沟通同样有害。最常见的过度沟通是内容上的过度沟通：把不必要、不相关的细节作为沟通内容传递出去，节外生枝，造成不良后果。以咨询项目为例，项目小组的主要任务是解决成本控制的问题，在与客户沟通时却讲述了大量关于品牌定位的发现。跑题内容会显得项目小组不够聚焦甚至缺乏专业性。战略咨询的实战经验是，沟通中一定要聚焦主要问题，切忌喧宾夺主。无论超出问题定义的发现的价值有多大，都不要将这一发现列入沟通文档的主干，最多蜻蜓点水般地提示或列于附录中。

另外一种过度沟通是在不恰当的时间点上进行沟通。每一个项目都有相应的节奏和周期。对于战略项目，在项目的初期调研还不够深入时，过早沟通不成熟的判断会严重降低咨询团队的可信度。商务洞见的提炼要经过反复的验证，假设某一洞见还未被验证，那么它只能作为验证的标靶而不能作为沟通的内容。尤其是在面对有深厚的上行下效文化的企业及其管理者时，我们不能提前沟通正在验证的假设，因为不理解头脑风暴的管理者很可能会习惯性地将沟通中的思考，即半成品当成结论，不假思索地落地实施。

为避免陷入上述沟通中的误区，麦肯锡在做战略项目期间会严格控制项目小组与客户沟通的频次和内容。在典型的 8 ～ 10 周的战略项目中，麦肯锡团队一般会有两次关键的客户汇报：一次是在项目开始后一个月左右的中期汇报，用来确保项目方向正确；另一次是在最后一周进行的最终汇报，用来呈现最终战略交付物。除了这两次关键汇报，项目经理往往会提前与项目客户的负责人约好固定频率的非正式沟通，比如一周一次的 30 分钟简短电话交流或面谈。项目经理之外的其他小组成员则被要求尽量避免与客户就项目进展直接沟通。对这些细节的把控在很大程度上避免了过度沟通。

> **小贴士** / 蹲坑权益（squatting rights）是指在项目筹划期，项目负责人提前预约相关关键人进行定期沟通的时段，尤其是与项目的所有者（owner），也就是项目的最终决策者约定每周或每两周进行互动沟通。将有节奏的短会列入领导者的日程安排，可以确保项目得到恰到好处的上下互动，规避沟通造成的方向性偏差。

外部风险

在交流范围上，我们要认清内部沟通和外部沟通是两种属性截然不同的沟通，应予以严格区别对待。虽然内部沟通是主流且使用频率高，但其风险可控。近年来，社交媒体上屡次出现内部员工的电子邮件或工作讨论区被截屏外泄的公共关系事件，但是从总量和影响力方面来说是有限的，而且公司可以通过法律手段追究外泄者的责任，避免类似的情况发生。

外部沟通风险巨大。因此，除了细化并严格落实相应的管控规则，职场人的第一要务是提高外部沟通的风险意识。在对外沟通中稍有不慎，就会给公司带来损害，个人的职场发展也会连带受损甚至中断。目前越来越多的公司都提高了外部沟通的风险意识，并采取了相应的管控对策，比如在 BAT（百度、阿里巴巴、腾讯）类企业，管理层出席任何论坛均须报备和批准。

麦肯锡在外部沟通的授权人员、内容、形式等方面都有明确的界定。之前提到，战略项目要有明确的外部沟通规则，在人员方面，项目团队要明确单一的对外信息出口以确保信息一致，避免项目内部的敏感信息（如客户敏感数据、团队未被验证的假设）外泄；在内容方面，项目团队对外交流信息时要遵循有效至简原则，冗余无关的信息不但不利于听众聚焦，而且会增加不必要的风险；在沟通形式方面，项目团队要遵照公司统一文档标配模板，包括色系、字号、首页的保密标签等。

在麦肯锡，提及客户的名称都是忌讳。公司要求咨询师绝对不能对外提及当前客户的名称。如果必须提及，统称客户为“项目”（study），比如“我目前做的这个 study”。即使麦肯锡的员工之间，如果双方不在同一项目组也要避免谈论各自客户的名称，更不用说项目的具体内容了。这一切都是为了保护客户隐私并降低风险。

看似平常的一句问候——“你在哪个项目上呢”，在麦肯锡往往会招来白眼。对方会略显担忧地在你耳边低语：“你是新来的吧？”

> **小贴士** / 沟通的有效至简原则借用了产品设计中 MVP 的概念。MVP 是英文 minimum viable product 的首字母缩写，意为最简能用的产品。在产品设计初期，设计者先做出一个能用的简版产品让用户给予反馈，旨在避免把时间浪费在让产品变得完美上。职场人在商务沟通中应遵循有效至简原则：就事论事，只提供足够可证实或证伪观点的数据等最少支持信息；多余的内容只会增加沟通的风险。

PPT 诅咒

作为商务交流的主流媒介，PPT 几乎“霸占”了会议室的屏幕。随着 PPT 的流行及过度应用，职场人对 PPT 这种表现形式产生了本不该有的依赖。有些职场人夸大文档表现形式的重要性，热衷于打磨 PPT 的呈现细节，却忽视了文档沟通目的及核心观点。这种舍本逐末的文档观，被我称为“PPT 诅咒”。

如果 PPT 诅咒到了极致，职场人甚至会因没有 PPT 而无法进行商务沟通。比如，日常工作中经常遇到团队成员需要相关人员腾出时间来讨论某个议题的情况，在这种场域下，我经常会要求自己团队的成员先口头陈述核心观点。

曾任麦肯锡咨询师的伯纳德 · 加雷特（Bernard Garrette）在《像高手一样解决问题》中说：“那些对自己的核心观点并不明确的人，他们制作幻灯片就像唱歌却忘记了歌词一样，含糊不清的歌词和曲调似曾相识，但你究竟在唱什么呢？”

文档的核心观点就是歌曲的歌词。没有歌词，作为载体的 PPT 就失去了灵魂。PPT 诅咒在很大程度上说明原作者没有完全提炼出核心观点，而是先匆忙进行 PPT 创作，沉迷细节创作，会让他忘记创作文档的初衷。本书会详细介绍创作商务文档的正确方式：从锤炼核心观点开始，先“想明白”并提炼洞见，再用点线大纲写出故事线，最后围绕点线大纲创作具体的每一页文档。

商务呈现同样是以核心观点为主导的，不要让表现形式（如 PPT）喧宾夺主。如果我们从核心观点入手开始故事线创作，就可以降低甚至消除对 PPT 的依赖。当我们对要讲述的故事主线烂熟于心时，仅口头呈现就已经足以充分表达洞见；PPT 只是锦上添花地提供视觉和数字支持的工具。

小贴士 / 在商务沟通前做“盲测”练习：在不打开 PPT 的情况下，尝试用自己的语言在 2 分钟内讲一下商务沟通的核心观点，测试自己能不能脱稿流畅地完成口头陈述。如果不能，说明自己对内容的整体逻辑没有吃透，需要继续精进；如果能，建议你把每页 PPT 的第一句话连起来通读一下，并与自己的口述版本对比，看看哪个更通畅。大多数时候，相对于口述版本，PPT 的逻辑会有提升空间，需要继续精进。我们可以反复进行“盲测”练习，直至口头陈述和 PPT 梗概基本一致。

沟通前可以先问自己的问题

麦肯锡对高阶商务沟通的工具及方法的运用是商务沟通高要求的体现。本章介绍的沟通关键成功要素对日常的高频沟通同样具有指导意义。在进行日常商务沟通前，比如即将发出项目设计方案或计划召开讨论会，甚至在准备发出一封普通的业务邮件前，我们不妨先问问自己以下问题。

- 此次沟通的目的是什么？
- 关键人是谁？
- 关键人偏好的沟通风格是什么？
- 听众的情绪和倾听意愿如何？
- 听众最关心的问题是什么？
- 沟通的时间和场所如何选择？
- 沟通形式是否最优？

我们还要提醒自己不要陷入沟通的误区。

- 沟通是否过于频繁或严重不足？
- 如果是外部沟通，有没有防范风险？
- 有没有正在经历 PPT 诅咒？

将麦肯锡商务沟通方法应用到职场日常沟通中，假以时日，我们会发现日常沟通的质量得到了意想不到的改善。

第3章

如何“抓关键”和“讲重点”

“抓关键！抓关键！抓关键！”

“讲重点！讲重点！讲重点！”

重要的事情说 3 遍。我们在会议室里经常听到类似的呐喊，领导者要求下属抓关键、讲重点。

职场如战场，大家都很忙，时间似乎永远不够，没有人愿意把时间浪费在聆听无休止且无内涵的絮叨上。商务沟通要直入主题，言之有物；而“抓关键”和“讲重点”就变成职场沟通的基本要求。抓关键的必要性显而易见，然而抓关键并不是容易习得的能力，甚至是奇缺的能力，是当前职场人亟须提升的个人能力。

我们先来看看抓关键到底指的是什么。“抓关键”这个描述多少有些误导作用，原因在于“抓”这个词。动词“抓”假定了“关键”的客观存在。听上去，抓关键中的关键似乎是个四处乱窜的狡猾猎物，我们要像猎手般眼疾手快地将其捕获。然而，现实中的关键，又名“洞见”，绝对不是什么四处乱窜的猎物，它在被抓住之前并不存在。关键本就虚无，需要我们从无到有地创造。

抓关键不只是沟通技巧，更是提取和创造。它与思考质量紧密相关，是建立在“想清楚”之上的“说明白”。

洞见优于表象

关键本不存在，它是我们大脑思考的产物。将关键创造出来后才有抓的环节，即应用高效沟通技巧等。抓关键中的关键是洞见的同义词，是那个干货，抓住关键则是那个灵光一闪的“啊哈时刻”[①]。

洞见与表象相对，二者要放在一起研究。表象是那些看起来纷繁无序的事件和信息；洞见是能连接相关表象的筋络，是表象背后的动因。呐喊“抓不住关键”的听众其实是在反馈整个沟通中的表象过多而洞见不足。因此，我们不要讲太多纷繁无序的表象，要直接说这些表象后的根本原因——那个洞见、那个干货。

结构化商务沟通的黄金原则：洞见先行。

这个原则要求我们在商务沟通中开门见山，将判断、结论或核心观点前置到叙述的第一位。无论采用哪种商务沟通和呈现形式，洞见先行的原则都具有普适性。在商务沟通中，我们要先阐述自己的核心观点、洞见，然后辅以论据或分论点。

洞见先行这一原则简单易懂，但在职场上经常被遗忘。工作沟通往来的电子邮件正文中赫然写着“见附件”，没提供中心内容总结，却附着几个巨大的 Excel 或 Word 文档。类似的邮件是不负责任的，甚至可以说是对读者的极大不尊重。在职场的邮件沟通中，提炼洞见并采取高效的沟通方式是作者的责任，作为作者，我们绝不能要求读者解读原始数据并猜测我们的思路和逻辑。作为沟通的发起方，我们要做足前期工作，提炼洞见并采用读者容易理解的方式清晰表述。

---

① 又译为“顿悟时刻”，描述收获超过预期时人发出“啊哈”一声惊叹的场景。

除了电子邮件，其他商务文档，如 PPT，也要遵守洞见先行的原则。每页 PPT 的标题必须是一个关于判断或洞见的完整句子，其他内容都是用来支持这个判断或洞见的。常见的 PPT 标题会用无判断的名词短语，如“团队构成”或“财务现状”，这些都不是合格的标题。像“团队构成”这样的短语只阐述了此页 PPT 的内容方向，并没有给出作者对团队构成的判断，作者应该使用“强科技背景的团队确保公司技术引领”这样的标题，先将判断呈现给读者，再在 PPT 内容中描述各高管的科技背景以支撑标题。

再举个生活中的例子，大家一起看看洞见和表象的区别及洞见先行原则的威力。比如，你和朋友 A 聊天，提到共同的朋友小白，你问了句：“小白最近怎么样？”

如果是表象级沟通，A 会给出以下答案。

> “小白跟我说他最近经常失眠，我还看见他脸上起了痘痘！”
>
> “他最近上班经常迟到，把车钥匙丢了，昨天午休时还差点进错了厕所。”
>
> “小白开会也不主动，我跟他在一个项目上，他错过了截止日期，连带我也被批评了！”
>
> “最近小白变得有些孤僻，也不见他跟什么人交往。”

即使在这样一个闲谈的场景中，A 说的话毫无重点，让人失去耐心，这些陈述的核心问题便是表象过剩。A 滔滔不绝地罗列关于小白的纷繁无序的事情。面对表象的无序堆砌，再有涵养的听众也会按捺不住，说出那句经典的：“请讲重点！请抓关键！”

洞见版本如下。

> “小白肯定失恋了！我从以下3个方面得出这个结论。”
>
> “第一，小白在工作上丧失斗志：经常迟到，会上不发言，连简单的项目都搞砸了。”
>
> “第二，他在生活上精神恍惚：丢钥匙、失眠，连厕所都差点上错！”
>
> “第三，他在生理上出现了内分泌失调：长了一脸痘痘。”
>
> “而且，小白之前跟女朋友如影随行，最近就没见他跟女朋友在一起。”

差异是如此明显！

洞见版本应用了洞见先行原则和结构化商务沟通的技巧，明显是质量更高的消息（虽然风格过于商务）。首先，把“小白肯定失恋了”这个洞见放在第一句，主题鲜明，让听众一听就懂。其次，用了结构化“出口成3”技巧（第9章），是结构化沟通的体现。最后，用了结构化“切分”技巧，将关于小白的琐事用子目录法分成三大类型——工作、生活和生理，然后对每个维度做了精准的个性化概括：“在工作上丧失斗志”“在生活上精神恍惚”“在生理上出现了内分泌失调”。每个维度的提炼都统领了后面更细的表象，在承上启下的同时与细节一起支持自己提出的“小白肯定失恋了”这个核心观点。

发现规律只是起点

所有数据及数据规律都是表象。虽然洞见与数据关系紧密，但职场人不能满足于发现数据规律，而应该进一步探寻数据和其规律后面的成因。

数据分析已是职场中高频的工作内容。由于数据有时的确来之不易，职场新人往往乐于把数据及数据规律记录在商务文档中并分享。比如，作为零售巨头的一线经理，你主动进行数据收集和分析，发现公司所在城市中央商务区（CBD）附近的零售店 4 月的销售额比 3 月提升了 20%；而且你考虑到有可能是季节性差异所致，还特意把去年 4 月的销售数据也找出来，发现同比也有 10% 的增长。当发现这样正向的数据规律时，你可能会按捺不住兴奋跑去向直接领导汇报。结果呢？他反应冷漠，反而问了一连串问题。被泼一盆冷水之后，我们可能会想：“数据规律难道没有价值吗？他是不是针对我？”这样想的话，你很可能误解上级了。

的确，数据和数据规律本身是有价值的。有时数据规律已经能为营销决策提供依据。比如，经典的“啤酒和尿不湿”数据决策案例。美国沃尔玛超市门店经理发现每逢超级碗（Super Bowl）橄榄球决赛，啤酒和尿不湿会同时卖得好。根据这个数据规律，经理每逢橄榄球决赛就把这两种货品并列摆放在门店出口的货架上，销售额就会提升。另一个经典案是“飓风与甜点 Pop Tarts”的故事。每当飓风来临前，沃尔玛的数据显示，当地市场中一种名为 Pop Tarts 的美式甜饼会热销。公司利用这个数据规律，一旦有飓风警报就把甜饼备足，确保不会断货。

然而，仅有数据和数据规律而不去探究背后的原因，依此做出的决策很可能浅尝辄止，甚至是危险的。还是用上面的经典案例分析，如果我们不止于数据规律，而是进一步挖掘数据并分析用户，就会发现在橄榄球决赛时购买啤酒和尿不湿的消费主体是有孩子的父亲，啤酒是他们看体育节目时的刚需，购买尿不湿主要是出于内疚心理而做出的补偿行为（自己观看比赛而太太要照看孩子）。

“内疚消费”是洞见级的发现。按照“内疚消费”的逻辑，店家也可以尝试其他搭配。毕竟家里有需要尿不湿的孩子的男性消费者是少数，更多“内疚消费”的男性在买啤酒时需要什么呢？玫瑰花或许是一种可能。“啤酒与玫瑰花”只是开始，“内疚消费”有效地定义了一种特定的消费类型，让营销人员产生了新的消费者洞察，从需求的角度重新审视自己的产品组合。

同样，通过洞见提炼，我们也会看到“飓风与甜点 Pop Tarts”中的风险。飓风过去经常造成煤气和电力供应不稳定，飓风期间居民需要一种无须加热且保质期长的食物作为应急食品。甜点 Pop Tarts 是符合需求且性价比较高的选择，因此一度热销。经过调研发现，目前基础设施的优化解决了能源供应问题，而且市场上口味更好的自加热方便食品正在替代甜饼。如果店家不了解表象后面的洞见，依然按经验来大量购进甜饼，就有库存积压风险，同时也会错过销售利润更好的替代品。

可以看出，洞见的价值远高于表象。对数据或表象后面的原因或洞见不闻不问，会限制数据应用的效果，甚至可能带来高风险。作为职场人，我们应该在纷杂的表象中寻求并提炼洞见，为企业提供更好的增值服务。

再看看那个销售案例：CBD 附近的零售店 4 月的销售额比 3 月提升了 20%，同比增长了 10%。按照表象和洞见的定义来判断，增长的数字是表象，洞见是什么呢？这是领导追问的一系列问题中要找的点。

> 销售额提升了，净利和毛利如何？
>
> 有没有发生特殊事件，如促销，增长是否可持续？
>
> 哪些品类或单品贡献了最大的增长，原因是什么？
>
> CBD 附近的零售店有什么特殊之处，其数据有多大的代表性？
>
> 其他地段的门店（如社区零售店）有何不同？如果不同，为什么？

到底是什么导致了数据层面的变化，有没有可复制、可规模化的举措？

止步于数据和数据规律的发现是不成熟的职场表现，因为做“数据的搬运工”十分容易，而探究表象后面的洞见需要更多的思考与努力。比如，通过数据挖掘和深度思考，我们发现 4 月的销售增长主要来源于高端现磨咖啡品牌 B 的新品引入，其产品毛利高，但初期促销导致净利低；B 的产品在全公司各门店无差别地推广，由于目标消费群体与消费需求错配，社区零售店（与 CBD 附近的零售店对比）表现一般，甚至部分出现亏损。

带着更细致的数据分析和初步的洞见提炼，我们可以更有信心地汇报：“根据销售数据和消费者调研，现磨咖啡品牌 B 的新品是 CBD 附近的零售店销售额提升 20% 的主要贡献者（占增量百分比的 ××）；但数据对比时发现，B 的新品由于目标消费群体与消费需求错配，在非 CBD 附近的零售店（如社区零售店）目前销售情况不理想，并且亏损正在扩大（4 月亏损 ××），建议进一步调研 B 的新品市场数据并适当调整推广策略。”

如果能不停留在数据和数据规律层面，持续透过表象看到洞见，职场人自然会在竞争中脱颖而出。

抓住关键分 5 步走

在海量的数据和纷繁的表象中提炼洞见的能力是商务沟通的核心能力。

提炼洞见经常是独自摸索的过程，其他人很难介入并提供帮助，这增加了学习难度。由于沟通时的信息不对称，沟通接收方无法预先了解讲者已有的全部信息，只能告诉讲者他们的沟通中没有或缺少洞见，但无法明确指出那些应该表达而没被表达出来的关键和重点到底是什么，更别期望由沟通接收方来指导讲者提炼并呈现洞见了。

这里介绍“**洞见提炼 5 步法**”，初学者可以通过 5 个简单的步骤反复练习，提炼表象中深藏的洞见，让自学更加体系化。

第 1 步　寻找数字中的规律和趋势
第 2 步　寻找极端的数字及其含义
第 3 步　对比参照数据并分析差异
第 4 步　寻求其他相关信息
第 5 步　推演并提炼洞见

我们以一组加拿大青少年冰球冠军队成员名单为数据组[①]，展示如何用 5 步法进行洞见提炼。

第 1 步　寻找数字中的规律和趋势

广义的数据包括定量数据、文字描述和图片等信息。狭义的数据是已经量化的数字，如表 3–1 中冰球队成员的身高、体重。文字描述，比如客户满意度访谈中的记录；图片等多媒体信息也是数据，比如租车时拍摄的车辆现状照片。没有量化处理过的文字、图像和视频等被称为“非结构化数据”[②]，很难批量分析。为了便于数据分析和深度挖掘，人们通常会对文字描述或图片类多媒体信息进行结构化和数据化，如将客户反馈归纳成满意度的分数（比如从 1 到 10），便于后期分析。随着 AI 等科技的进步，非结构化数据的处理逐渐自

① 格拉德威尔 . 异类：不一样的成功启示录［M］. 苗飞，译 . 北京：中信出版社，2014.
② 是指数据结构不规则或不完整，没有预定义的数据模型，不方便用数据库二维逻辑表来表现的数据，包括所有格式的办公文档、文本、图片、网页、各类报表、图像和音频、视频信息等。非结构化数据的格式和标准多样，而且在技术上比结构化数据更难标准化和理解。

动化。

排序是常用且高效的寻找数据规律的方法。我们可以将身高、体重和姓名的纵列都按照升序排列一下，排序后相同或相近的数据会聚集成组，便于发现之前没有观察到的数据规律。比如，如果分析一下 2007 年加拿大青少年冰球冠军队成员名单（见表 3–1），就能发现，如果姓名按字母 A ～ Z 排列，成员中名字是乔丹、马特、泰勒的分别有 2 人。全队中没有重复的姓氏的人，也没有拥有明显的亚洲姓氏的人。原籍中的省份也可以排序，可以发现家乡省份是“亚尔伯达省”的队员最多，有 13 名队员，占全队人数的 52%。通过排序，我们还能发现左边锋的惯用手都是左手；右边锋的惯用手大多是右手，但德里克・多萨特用左手，很特殊。体重上，后卫的体重普遍更重一些，平均体重近 90 千克，超出左右边锋（平均体重 82.75 千克）近 10%。这些数据规律与冰球的运动特点有关，左边锋要左手持杆，对理想后卫的要求则更偏重力量。

表 3-1　2007 年加拿大青少年冰球冠军队成员名单[①]

编号	球员中文名	位置	惯用手	身高（cm）	体重（kg）	生日	原籍
9	布伦南・博施	中锋	右	173	78	1988-02-14	萨斯喀彻温省马腾斯维尔市
11	斯科特・沃斯登	中锋	右	185	85	1988-01-04	英属哥伦比亚省西岸市
12	科尔顿・格兰特	左边锋	左	175	80	1989-03-20	亚尔伯达省斯登德特市
14	达伦・赫尔姆	左边锋	左	183	83	1987-01-21	曼尼托巴省圣安德碧斯市
15	德里克・多萨特	右边锋	左	180	81	1986-12-20	萨斯喀彻温省金德斯利市
16	戴纳・托德	中锋	右	178	78	1987-01-10	亚尔伯达省红鹿市
17	泰勒・斯维斯腾	右边锋	右	180	84	1988-01-15	亚尔伯达省克雷那市
19	马特・劳伦	中锋	右	183	84	1988-03-02	曼尼托巴省尼帕瓦市
20	凯文・安德萨特	左边锋	左	183	81	1987-04-12	亚尔伯达省麦迪逊哈特市
21	杰瑞德・绍尔	右边锋	右	178	89	1987-09-12	亚尔伯达省麦迪逊哈特市
22	泰勒・恩尼斯	中锋	左	175	73	1989-10-06	亚尔伯达省埃德蒙顿市

① GLADWELL.Outliers : the Story of Success ［M］. Boston : Back Bay Books. 2009.

（续表）

编号	球员中文名	位置	惯用手	身高（cm）	体重（kg）	生日	原籍
23	乔丹·斯克马特	中锋	右	183	83	1990-04-11	英属哥伦比亚省秘申市
25	杰克布·罗蒙	右边锋	右	173	75	1987-01-27	斯洛文尼亚哈恩斯诺维奇
28	布雷顿·卡梅伦	中锋	右	180	76	1989-01-26	亚尔伯达省兹博利市
36	克里斯·史蒂文	左边锋	左	178	89	1986-08-20	英属哥伦比亚省道森克里克市
3	果登·鲍尔温	后卫	左	196	93	1987-03-01	曼尼托巴省温尼伯湖市
4	大卫·肖勒马克	后卫	左	185	88	1987-05-07	亚尔伯达省埃德蒙顿市
5	特雷弗·格拉斯	后卫	左	183	86	1988-01-22	亚尔伯达省克雷那市
10	克雷斯·拉塞尔	后卫	左	178	80	1987-05-02	亚尔伯达省卡罗琳市
18	米切尔·绍尔	后卫	右	190	93	1987-08-07	美国明尼苏达州斯达特市
24	马克·伊舍伍德	后卫	右	183	83	1989-01-31	英属哥伦比亚省阿伯茨福市
27	肖纳·布朗	后卫	左	185	90	1989-02-20	亚尔伯达省石原市
29	乔丹·邦德法德	后卫	右	190	104	1988-02-09	亚尔伯达省勒狄克市
31	赖安·霍法德	守门员	左	180	75	1989-06-29	萨斯喀彻温省拉诺市
33	马特·科特赖	守门员	右	188	86	1986-04-27	亚尔伯达省麦迪逊哈特市

这些数据规律虽然有的有趣，如后卫的体重更重一些；有的给人启发，如体育大省亚尔伯达省冰球健将频出，但它们还不够极端，更不要说“惊天”了。

第 2 步　寻找极端的数字及其含义

人们经常认为数据分析中的平均值十分关键，因为它极具代表性，信息量大。实际上，平均值在分析中往往只是参照数值，不能直接作为推导依据，应用不善甚至会误导人。比如，如果调研身高，姚明所在班级的学生平均身高会较高，但这并不能说明这个班级的学生普遍身高较高。即便使用中位数[①]，

① 又称中值，统计学中的专有名词。中位数是按顺序排列的一组数据中居于中间位置的数。

数据分布等因素也可能干扰中位数代表的意义。相对于平均值，极端数据在数据中更具有洞见性质。极端数据通常包括最大值、最小值和零（或接近于零），也包括异常高或低的占比等。

极端数据往往与非典型事件相关，而非典型事件背后的成因经常带来启发，甚至生成洞见。极端数据带来突破性发现的例子有很多，大家耳熟能详的 X 光的发现和微波炉的发明都源自极端现象。又如震惊医学界的“罗塞托之谜”源自一位名叫沃尔夫的美国医生对极端数据的好奇和锲而不舍的分析。

“罗塞托之谜”是关于心血管疾病致病因素的重大发现。在一次偶然的聊天中，沃尔夫医生听说罗塞托小镇上 65 岁以上的心血管病患者非常少，该地区心脏病患者的死亡率只有全美国的一半左右。这个极端数据引起了沃尔夫医生的强烈好奇。确认数据正确后，沃尔夫医生调研了罗塞托小镇居民的方方面面，包括饮食、生活习惯、脱氧核糖核酸（DNA）等，最后用科学的方法推导出“良好的社区和家庭结构可以降低心血管发病率甚至延长寿命”的惊人结论。

在上面冰球冠军队成员名单的例子中，每组数据中都有极端数据，包括身高、体重等。其中的最大值、最小值基本没有超出我们的常识，但当我们仔细观察生日数据时，会发现出生月份数据显得格外异常：1 ～ 4 月出生的成员居然有 17 名，占整体人数的 68%！这个极端数据与我们的常识差异很大：按平均分布，1 ～ 4 月出生的人应该占 33.3%。而这 68% 的占比引发我们去思考后面的真正原因，开启探索洞见之旅。

第 3 步　对比参照数据并分析差异

1 ～ 4 月只占全年月份的 1/3，而在此时出生的成员却占该冠军队的 68%，这是个惊人的发现。巨大的百分比差异具有统计学上的显著意义①，不太可能是偶然现象，更像是特定的原因造成的。不管数据规律多么极端，依然是表象范畴，那么这个差异到底是如何产生的呢？

在寻求洞见的第3步，我们开始对比参照数据并进行分析。首先，对比其他体育项目，比如篮球和排球的冠军队，注意该国的其他体育项目是否具有同样的规律。结果其他项目的队员出生月份分布相对平均，类似的出生月份集中的现象并不存在。其次，看看其他国家的情况，尤其是以冰球为国球的国家。分析2007年捷克青年冰球队成员的名单（见表3–2），居然可以发现同样的规律！在这份22人的名单中，1～4月出生的人数为12人，占总人数的比例高达55%！

表3-2　2007年捷克青年冰球队成员名单②

编号	中文名	生日	位置
1	戴维·凯文顿（David Kveton）	1988-01-03	前锋
2	吉瑞·苏奇（Jiri Suchy）	1988-01-03	后卫
3	迈克尔·科拉基（Michael Kolarz）	1987-01-12	后卫
4	吉克布·沃基塔（Jakub Vojta）	1987-02-08	后卫
5	吉克布·金得（Jakub Kind）	1987-02-10	后卫
6	迈克尔·弗洛里克（Michael Frolik）	1989-02-17	前锋
7	马丁·汉赞（Martin Honzol）	1987-02-20	前锋
8	托马斯·斯沃伯达（Tomas Svoboda）	1987-02-24	前锋
9	吉克布·塞尼（Jakub Cerny）	1987-05-05	前锋
10	托马斯·昆德卡（Tomas Kudelka）	1987-03-10	后卫
11	加洛斯勒夫·巴顿（Jaroslav Barton）	1987-03-26	后卫

① 指某种数据差异的发生不可能是选择数据组时随机发生的偏离，而是由某个具体原因造成的。
② GLADWELL.Outliers : the Story of Success ［M］. Boston : Back Bay Books. 2009.

（续表）

编号	中文名	生日	位置
12	H.O. 波兹维尔（H.O.Pozivil）	1987-04-22	后卫
13	丹尼尔·雷科斯（Doniel Rokos）	1987-05-25	前锋
14	戴维·库切季达（David Kuchejda）	1987-06-12	前锋
15	沃勒得米尔·绍伯卡（Vladimir Sobotkd）	1987-07-02	前锋
16	吉克布·科沃（Jakub Kovar）	1988-07-19	守门员
17	卢卡斯·范图克（Lukas Vontuch）	1987-07-20	前锋
18	吉克布·沃伦奇克（Jakub Voracek）	1989-08-15	前锋
19	托马斯·玻斯比斯尔（Tomas Pospisil）	1987-08-25	前锋
20	奥得里金·佩维里奇（Ondrej Pavelec）	1987-08-31	守门员
21	托马斯·卡纳（Tomas Kana）	1987-11-29	前锋
22	米切尔·雷彼克（Michal Repik）	1988-12-31	前锋

第 4 步　寻求其他相关信息

冰球冠军队成员的出生月份集中在年初是个难以解释的规律。是因为年初寒冷的天气，还是因为怀孕期间的营养？或许还有更有趣的猜测。如果人口分布就是 1 ～ 4 月多，那么一定程度上可以解释冰球明星多。然而，这些猜测都被逐一推翻了。数据和数据规律都是表象，我们手里有个表象，即一个奇怪的数据规律，我们需要寻求其他信息以此深入提炼洞见，而这个过程需要反复试错，并不容易。

这时，数据规律本身已经可以帮助我们做决策了。设想一下，我们是美国冰球联盟的星探，正在加拿大寻找冰球新星，但时间紧、任务重，有 10 名候选人需要面试，而我们的时间只够见其中一部分人。这时，出生月份的数据规律可以辅助我们进行初筛，历史数据证明面试 1 ～ 4 月出生的人会极大程度地保证候选人的质量。但是，我们不能止步于数据或数据规律，刨根问底、提炼洞见，方能言之有物，将发现的价值最大化。

我们还要再寻找其他相关信息，直到洞见浮出水面。更深入的调研发现，在加拿大和捷克这样冰球盛行的国家，冰球少年队每年都会招募新队员，而冰球少年队是本国冰球明星的摇篮。少年队招生筛选的前提条件就是年龄达标（比如 9 岁）且在 1 月 1 日前出生。

这是提炼洞见需要的第二个表象。

第 5 步　推演并提炼洞见

带着两个表象（数据点），我们来推演并提炼洞见。

表象 1：加拿大和捷克的冰球明星 60% 左右都是在 1 ～ 4 月出生的；

表象 2：两国冰球队的筛选前提都是按照固定年龄并要求出生日期在 1 月 1 日前。

这一推演过程有点像解答应用题，我们可借用图谱等辅助工具来梳理思路（见图 3–1）。

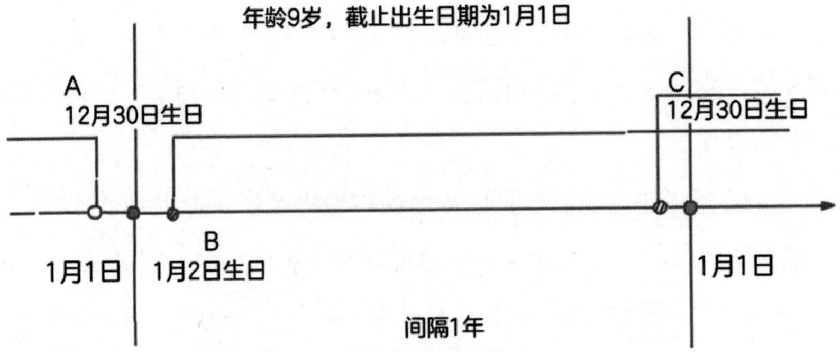

图 3–1　推演过程

用已知的条件来制图：先绘制一条时间线，并标出少年冰球队每年招生的截止出生日期为 1 月 1 日。如图 3–1 所示，如果有 3 个孩子 A、B 和 C，都符合当年少年冰球队的招募要求（如冰球基本功、身体素质等），我们来考察一下他们年龄和生日是否符合规定。

在第一年筛选时，A 和 B 都是 9 岁，同时来报名（C 还没到 9 岁）。A 的生日是 12 月 30 日，B 的生日是 1 月 2 日，因此 A 顺利进入第一届培养计划。B 的生日虽然与 A 只差 3 天，但是 1 月 2 日过了截止出生日期，不符合标准，因此 B 要等到第二年入队。

第二年筛选时，B 重新申请，其年龄依然是 9 岁且生日要求合格，可以加入少年队。C 的生日是 12 月 30 日，也合格。B 和 C 成为少年队同届队友。不难发现，B 的年龄其实与同届的 C 几乎相差了一年！年龄的优势会体现在身体发育等多个方面，增加后期比赛的胜算。

那么，洞见是什么呢？用比较规范的语言描述：在人类生理和心理高速成长的阶段（0 ～ 10 岁），但凡以固定年龄和截止出生日期为筛选标准的场合，生日在截止出生日期后 4 个月内的孩子，比其他月份出生的孩子在发育方面相对更有优势。

一旦洞见被提炼出来，数据展现的极端规律就被合情合理地解释了，而且提炼出的洞见完全可以在其他场景中复用。

从杂乱的表象中寻找和提炼洞见是职场人为企业提供的最重要的增值服务，也是职场中区分平凡、优秀和卓越的重要标尺。作为职场人，我们不能止步于数据和数据规律的发现和描述，要开动大脑，利用洞见提炼 5 步法来提炼洞见。

拥有洞见的商务沟通，才是真正有了灵魂和必要性。

第4章

点线大纲写出故事线

在高阶商务场域，职场人都希望自己能创作并展现一份逻辑严谨、条理清晰、用词得体、视觉效果好、有料有趣的专业讲稿，从而在竞争中脱颖而出，但高质量商务文档的生成无法一蹴而就，需要职场人在日常工作中厚积薄发，提升综合能力。

最为重要的能力是思考能力。像冰山露出水面的一角，商务文档及其呈现是思考和表达的最终成果，是深刻思考和沟通设计的智慧结晶。思考是隐藏在水下的冰山，对听众来说，它的可视性差，但思考作为沟通的基础是必不可少的，而且思考过程需要大量的调研和论证工作①。更多细节可以参见《麦肯锡结构化战略思维：如何想清楚、说明白、做到位》，此处不再赘述。

但是，仅经过思考并生成洞见还远远不够，因为沟通并不是洞见的简单叠加。在"想清楚"的基础上"说明白"需要全新的原则和技巧，包括设计文档结构、推敲观点用词、把洞见和支撑数据可视化地落在纸面上，以及讲解时运用现场呈现的各种技巧等。商务沟通的原则和技巧需要单独学习，也是本书的重点。

前文介绍了麦肯锡沟通 3S 原则的战略（strategy），从本章开始，我们介绍结构（structure）。

① 新麦肯锡五步法的前四步：定义问题、结构化分析、提出假设和验证假设。

对金字塔结构的补充和增强

严谨的结构是商务沟通的必备品。商务沟通的复杂程度远高于日常沟通，这对商务沟通的叙述提出了更高的要求。高阶商务沟通通常涉及纷繁的背景信息、杂乱的问题现状、不同对策的利弊比较等，这往往让我们不知从何入手。而结构能帮助我们跳出繁杂的沟通细节，用全局视角审视沟通整体，在时间压力下抓大放小，生成聚焦而有料的沟通内容。

提到商务文档的结构，读者自然会想到麦肯锡叙事结构的经典框架：金字塔原则。自从 20 世纪 90 年代初问世至今，芭芭拉 · 明托（Barbara Minto）的金字塔原则①（见图 4–1）一直被奉为商务文档结构的黄金法则。金字塔简单、易懂、形象，强调先总后分的塔状结构，从纵和横两大逻辑关系阐述各模块之间的关系。

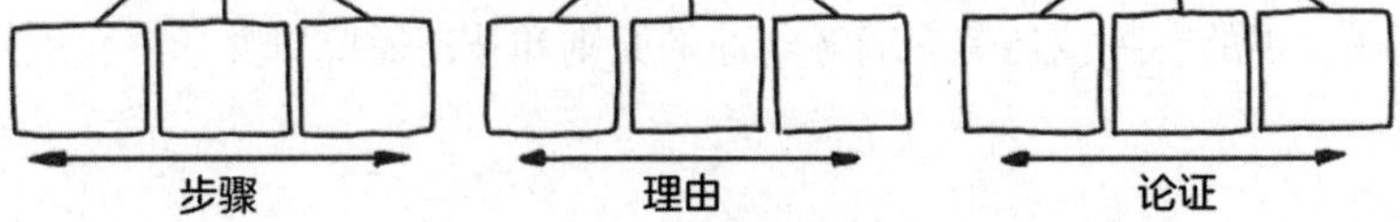

图 4–1　金字塔原则

① 芭芭拉 · 明托 . 金字塔原理实战篇［M］. 汪洱，高愉，译 . 海口：南海出版社，2019.

> “条理清晰的文章总是金字塔结构的。在这一结构中，思想以几种合乎逻辑的方式组合（纵向关系与横向关系），因此可以总结出几项通用原则。想清楚地表达，关键在于，开始撰写文章前，我们要先以金字塔的模式架构思想，然后仔细检查其中的逻辑关系，如此才能依照明确的程序把金字塔结构的思想转化成读者或听众可以很快理解的文字。”①

其实类似金字塔的这种总分结构并非重大发现，它属于商务写作的基础常识。作为多次考试的经历者，我们很早就有意识地使用类似的写作原则了。语文老师在辅导学生写作文时就强调类似模板：作文要先写大纲。写大纲是为了先明确中心论点；然后用 3 ~ 4 个观点支持中心论点；再以每个细分观点为起点，填写下一层的观点或提供支撑的论据。如此反复就会生成层级鲜明的树状大纲。

金字塔更适合回答单一问题。面对单一问题，比如投资与否，可以先抛出明确观点“我支持投资”，然后从 3 个方面来阐述“为什么支持投资”；在每方面的下一层可以用更细的结构进行支持，从而形成多层的塔状结构。然而，高阶商务沟通往往并不是回答一个问题，其复杂性要求人们在沟通中把前因后果等都想明白、说清楚，其本质更接近于讲个令人信服的故事。完整的故事需要什么样的组成模块？各模块的关系和详略如何？金字塔并没有给出更深入的指引，我们需要金字塔之外的与叙事相关的方法论作为补充。

而且，商务文档中用来讲故事的各组成部分在功能上有很大差异，我们需要区别使用不同的叙述逻辑和技巧。比如，在商务文档的开头通常要讲“为

① 芭芭拉·明托. 金字塔原理实战篇［M］. 汪洱，高愉，译. 海口：南海出版社，2019.

什么做这个项目”，这里就会偏重问题描述，需要类似 SCP+I 和 SCR 的叙述结构模型来指引。再如，“为什么我们能赢”的内容就偏重竞品之间的比较，沟通时需要多维度分析和呈现；而沟通“项目投入产出”内容时会偏重计算和规划等。

作为经典理论，金字塔原则为商务沟通奠定了结构化的基础，但由于其通识属性，在麦肯锡内部很少被提及。作为金字塔的补充和增强，这里介绍麦肯锡结构化商务沟通常用的实战工具——故事线及其呈现形式点线大纲。

故事线 5 元素各有侧重

麦肯锡最常应用的结构化商务沟通设计工具非故事线莫属。

在当今投融资语境下，讲故事带有一丝贬义，有些人甚至在一定程度上把讲故事的能力与真实业务能力对立起来，认为二者不可兼得。

这是极大的误解，讲故事与实干不但不冲突，反而是相辅相成、可叠加的两种技能。有真材实料的实干家也可以是个讲故事的高手；而缺少讲故事的能力的人会让“茶壶里煮饺子”的状况频发，这将妨碍其获取资源、协作，严重影响事业发展。

高阶商务沟通事关重大，讲者要在短时间内说服决策者做出有利的判断。在高阶商务沟通场域中，决策者有时没有时间进行全面调查，仅根据故事陈述就要做出重大决策（如投资或立项）。在这种高压下，决策者不仅要获得基础信息，还需要了解深层次的可用于决策的“干货”，如市场需求、产品背后的理念、商业逻辑、资源要求等，甚至包括“识人”，即对团队初心、诚信及目前状态的评估。

高阶商务沟通几乎都是为了明确的目标而讲述可信的故事。

融资路演：为了得到融资，核心团队成员向投资人讲述公司未来必胜的故事。

项目过会：为了通过审批，投资经理向投资委员会讲述被投企业未来必胜的故事。

述职报告：为了升职加薪，员工向领导者讲述自己为公司创造价值的故事。

复盘研讨：为了规模化复制成功，负责人向同事讲述项目成功的关键要素的故事。

可信的故事始于优秀的故事梗概，而故事线（storyline）就是高阶商务沟通的故事梗概，由故事核心要素串联而成。

在麦肯锡战略项目中，我经常会听到主管合伙人对团队成员说："把某项目的故事线发给我看一下"或"把点线大纲（dot-dash）发一下"。领导者关注的其实是项目负责人对项目整体思路的把握以及项目目前的整体进展，而故事线作为最终汇报故事的梗概包含了当下的关键洞见及未被验证的假设，能充分体现战略项目的进展状态。

与金字塔原则重视结构形式的侧重点不同，故事线重视叙述中各个故事必备元素的内容及元素之间的逻辑关联。故事线常见的构成形式是 5W2H 分析法（又叫七问分析法）。七问分析法把故事的组件分为 7 个部分，每个部分回答一个不同的问题，问题包括为什么（why）、用什么（what）、何人做（who）、何时（when）、何地（where）、怎么做（how）、投入产出（how much）。这 7 个部分较全面地概述了商务沟通的内容主题。

七问分析法可以进一步精简浓缩到五问（见图 4–2）：从逻辑上讲，"何时"（when）及"何地"（where）是"怎么做"（how）的细节，可以包含在"怎么做"（how）里面。因此"七问分析法"的 5W2H 可以进一步简化成 3W2H 故事线：为什么（why）、用什么（what）、怎么做（how）、何人做（who）、投入产出（how much）。

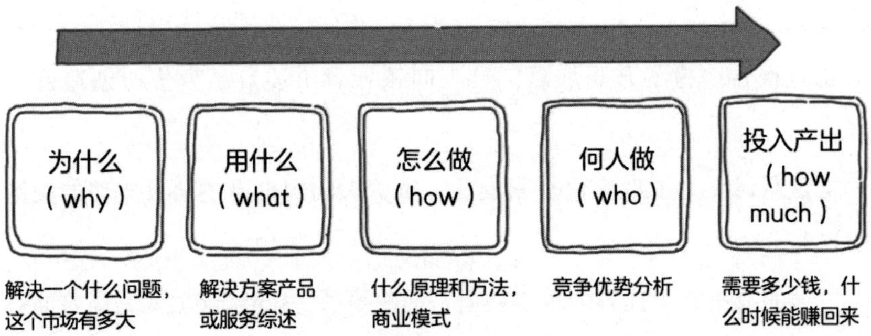

图 4-2　故事线的构成

3W2H 故事线看似简单，却包含了商务文档应该包括的所有核心元素。虽然根据不同场景和上下文，可以弱化甚至忽略故事线中的某些元素，元素的前后顺序也可以变化，但这 5 元素是让我们准备的商业文档符合 MECE[①] 原则的元素，可以作为文档准备坚实的起点。

下面我们以企业商业计划书（BP）为例来看一下 3W2H 的 5 元素。为了方便大家理解，这里以“音乐节”为例，让我们共创虚拟的蓝莓文化节商业计划书。

元素 1　为什么

商业计划书首先要回答“为什么”的问题，因此该元素经常被放在文档

---

① 是英文 Mutually Exclusive，Collectively Exhaustive 的缩写。MECE 原则要求结构化切分后，子分类相互独立无重叠，子分类加起来穷尽全部可能。MECE 原则是结构化的核心原则。

的开头。市场上还有什么需求没有被满足或完美满足？成功的商业计划书的第一页不是在说“这个世界缺点儿什么”，就是在描述“为什么”。如果世界上的所有刚需都被完美满足了，那么我们将要介绍的产品和服务就没有存在的意义了。说完“这个世界缺点儿什么”后，我们还要详细讲述一下这个未被满足的需求带来了多大的冲击，潜在市场有多大。只有市场足够大，才能激起投资人的兴趣。

关于“这个世界缺点儿什么”的描述要具体，绝不能泛泛而谈。商业计划书中的产品和服务无法解决战争和饥饿等世界级问题，而要去抓具体人群（用户画像）非常具体的痛点（未被完美满足的需求）。如果商业计划书的元素1“为什么”止步于宏观描述，而没有陈述消费者的具体痛点，那么听众就会质疑。比如，奶粉生产厂的商业计划书中“为什么”部分只有：“随着三孩政策出台，奶粉需求也会提升”，新能源车厂商说：“随着电车充电基础设施的普及，中国电动汽车的需求将大幅度提升”；然后直接介绍自己的产品，言外之意是赛道好所以自己的产品必然热卖。

从投资人的角度看，这个逻辑有很大漏洞。投资人或许同意赛道增长的判断，但一定会质疑赛道整体趋势与具体产品之间的关系。在上面的例子中，奶粉和新能源车赛道的增长绝不意味着每个奶粉品牌和每个新能源车生产厂商都会成功。在现实中，火热的赛道往往意味着更激烈、更残酷的竞争，很多企业会在竞争中垮掉，所以商业计划书的“为什么”元素要回答更细节的问题：公司的核心目标群体是谁；这些消费者的痛点具体是什么；这个细分市场到底有多大等。

蓝莓文化节示例：我们为什么需要新的音乐节

一、二线城市的“00后”消费者正成为音乐节的消费主力军，并显示多样的需求特色：更偏好主流、多元化、大规模、综合性的音乐节；希望音乐节除了包含多元的音乐元素，还能包括动漫、电子竞技、极限运动等跨界元素，成为综合性文化节。但现在的主流音乐节依然以单一音乐品类为主，如民谣或电子音乐。针对年轻人的综合性文化节市场依然处于萌芽期，预计 2023 年全国市场规模将达到 10 亿元[①]。市场呼唤全新的、满足“00 后”消费需求的综合性文化节。

元素 2　用什么

为了回答故事线元素 1“为什么”的问题，我们需要元素 2“用什么”，也就是回应产品或服务的描述。“用什么”元素的内容包括对产品或服务的定义、形态、特色和组成等。商业计划书中“为什么”与“用什么”有问与答的强逻辑关系。有时候为了确保二者对应，商业计划书的作者会从“用什么”的部分开始分析，根据产品特性倒推需求的特色，以此作为“为什么”部分的基础。

“为什么”与“用什么”脱节是商业计划书创作中常见的错误，在初创企业的商业计划书中尤为常见。作者有时为了突出市场大小的绝对数值，有意把赛道描述得很大、很广；而“用什么”元素中的产品和服务过于单一薄弱，与之前对赛道需求的描述不匹配。“为什么”与“用什么”之间的落差会严重影响商务沟通的可信度，要尽量避免。

---

① 数据仅为示例，不代表真实市场数据，不作为投资参考。

蓝莓文化节示例：我们用什么来满足“00 后”对文化节的独特需求

针对“00 后”关于主流、多元化、大规模、综合性音乐节的需求，我们设计了蓝莓嘉年华大型文化节。嘉年华是为期 2 天的露天线下大型文化节。在音乐方面，我们邀请了主流流行音乐明星，以及摇滚、说唱等领域的歌星，同时加入影视动漫、电子竞技、极限运动、汽车文化、年轻潮流汇等元素。

元素 3 怎么做

元素 3“怎么做”要介绍产品或服务如何满足市场需求，回答一系列与产品相关的细节问题：产品的原理是什么，应用了哪些先进科技；其运营模式是什么样的；商业模式（包括与客户和上下游关系）是什么样的，有什么特色；等等。

元素 3“怎么做”并不是产品的使用说明，而是站在投资人或 CEO 的视角介绍生意大盘中的特色。元素 3 可以聚焦产品的研发、生产、销售和售后服务任何一环的显著特色，详细阐述其独特性。作为商业计划书的听众，投资人对所投行业往往了如指掌，因此商业计划书在描述“怎么做”元素时，作者可以根据听众背景将入门级的基础知识一带而过，详细阐述行业难点及自身特色。

以奶粉为例，奶粉行业的通识是奶源供给端的品质很难把控，因此投资人会十分关注企业如何确保拥有稳定且高质量的奶源。在这种情况下，奶粉制造厂的商业计划书对奶源话题绝不能闪烁其词，必须直接回答。

以科技创新为特色的公司要注意：高精尖科技绝不等同于可持续竞争优势，商业计划书中的“怎么做”要强调科技商业化的成熟度。因为新科技从研发到进入市场是一个漫长的过程：我们耳熟能详的超导、纳米、人工智能、虚拟现实等科技从实验室研发到产品化都经历了10年以上的时间。在“早一步就成先烈，早半步就成先驱”的市场中，商业计划书只强调科技的领先和独家，有博士、院士背书是远远不够的，甚至是高风险的。投资人会更关注科技的商业化能力，即科技转化成利润的能力。科技只是起点，产品及企业要想取得商业意义上的成功，还要考虑许多其他关键要素，如产品设计、制造、市场和营销以及上下游关系等，因此我们要客观地看待科技优势，不宜过度强调。

蓝莓文化节示例：蓝莓文化节如何抓住年轻人的心

蓝莓公司计划在上海举办第一届蓝莓嘉年华，选择万人级大型户外场地，针对Z世代[①]的主流、多元化、综合性等独特需求，将场地划分为五大区域：音乐区域由主次音乐舞台组成，分别是流行音乐和嘻哈及摇滚音乐；电竞区域将举办英雄联盟明星赛事及粉丝互动会；动漫区域将举办动漫扮装大赛；极限运动区域将邀请知名滑板选手进行表演；生活方式区域将由品牌方主导进行品牌互动。蓝莓嘉年华将联合指定直播合作伙伴在线上同步直播。保守估计，每场有3万人购票参与线下活动，线上直播播放量达2亿次。

元素3“怎么做”为故事线的下一元素“何人做”做了内容上的铺垫。讲

① 网络流行语，通常指1995—2009年出生的一代人。——编者注

述自己的独特做法后，听众必然会好奇："为什么你能做好而别人做不好？"

元素 4　何人做

有时元素 4 也写成"为什么是我们"（why us），是商业计划书中最关键的元素。元素 4 要回答在市场竞争中，企业拥有哪些可持续竞争优势的问题：凭什么这个产品（元素 2）由本公司来做会优于已存在的玩家或潜在的进入者？这些制胜因素能不能使公司在激烈的市场竞争中持续盈利？企业内在的核心竞争优势是什么？竞争门槛高不高，其他企业容不容易借鉴或赶超？

元素 4 在商业计划书中的重要性最强，因为它要回答投资人最关心的问题，即"为什么投资你们而不投资别人"。无论赛道、产品还是模式，对初创公司来讲，元素 3 都是机会且相对容易改变，赛道可以聚焦也可以重选，产品和模式可以逐渐精进，然而元素 4 所涵盖的核心竞争优势是企业相对稳定的"DNA"，它是被投公司不同于其他同业公司的独特的内在品质。团队、科技、品牌 IP、渠道、生态等都可以是其中的关键要素，而这些要素往往是企业经过长时间积累形成的，很难改变，也是投资人最看重的品质。

竞品对标分析是元素 4"何人做"的必备组成部分。在回答投资人"为什么投资你们而不投资别人"这样的关键问题时，只是一味地自夸如何厉害会显得单薄无力。俗话说，"没有对比就没有伤害"，在阐述自己的核心优势时，我们要把主要竞品放在上下文中一起讨论并进行比较，这在便于投资人理解的同时也更有说服力。核心竞争优势往往不止一个，这时如果能用后文详细介绍的多维度"杀手图表"（第 7 章）将多个优势通过视觉化方式清晰地呈现出来，会显得更深刻、专业。

蓝莓文化节示例：为什么蓝莓公司可以做好 Z 世代的文化节

蓝莓公司与打造传统音乐节的公司不同，具有生态优势和业务（收入）丰富等特色。生态优势源于蓝莓公司的控股股东“果味文化”。果味文化是文娱行业的龙头企业，拥有艺人经纪、影视、电竞、体育和媒体等多个文化板块。艺人经纪旗下众多主流艺人以及电竞战队中各联盟明星队员都能为蓝莓文化节提供内容支持。蓝莓文化节的收入来源较传统音乐节更丰富：除了线下门票收入，线上直播、品牌赞助、周边衍生品等都会带来可观收入。而且，蓝莓团队皆为行业熟手，经验丰富。

元素 5　投入产出

商业计划书终归是要谈钱的。公司目前需要多少投资？这些钱会带来怎样的收益？这就引出了故事线的元素 5：“投入产出”。投资是为了在退出项目时获得超预期的收益，因此精明的投资者会计算短期、中期和长期投资回报率（ROI），仔细审视过往和未来财务模型的细节，盘算什么时候退出可以获得最大化的收益。

公司的营收和净利的增长空间是企业和投资人必须算清楚的账，所以我们要用合理的假设展示公司的未来发展。然而实战中，商业计划书的作者为了提高融资胜算往往会夸大预期，而粉饰未来的结果，这就使预测图表出现惊人相似的“冰球杆”（hocky stick）现象：过去的历史业绩数据是一条近乎持平的直线，从融资日期这个时间点开始，未来销售额和净利的预测数值就像搭上火箭一样一飞冲天，让折线呈冰球杆的形状，如图 4–3 所示。其中 2022 年是

“融资时间点”，这个图代表，现实很“骨感”，但预测都是“冲天”的乐观。

“冰球杆”泛滥的结果就是成熟的投资人对类似预测基本礼貌一笑，然后视而不见或严重减分。一旦发生这种状况，预测部分便失去了其应有的价值，还不如不写。虽然预测是管理团队对公司未来业绩的意见，听众也允许预测适当乐观，但预测必须尊重数据和逻辑，建立在坚实的前提假设的基础之上。

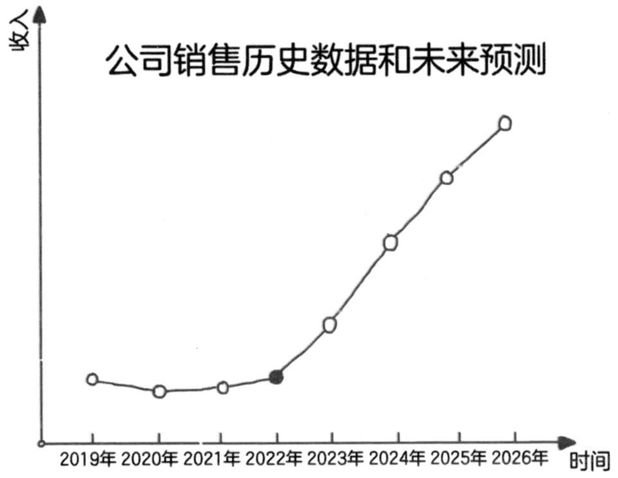

图 4-3 “冰球杆”现象

预测要求以自下而上的细节拆分为基础。比如，以最近一年的收入为基线，按业务类型将业务拆分成 To B 和 To C 两部分：预测未来 To B 及 To C 业务各自的增长数值，然后汇总成整体销售额的增长率；或者按照产品线，将各自产品线的增长数值汇总成总增长率。核心业务要拆分到更下一层的细节，比如，To B 生意可进一步拆分成已有客户增长百分比、新客户增长及占比等。

非融资类文档，比如立项计划书或项目复盘文档，也不能忽视元素 5“投入产出”，虽然它没有融资材料对“投入产出”那样的要求严格，但管理层也会关注项目成果与资源需求或消耗之间的关系，这也是评判成功与否的关键标准之一。

蓝莓文化节示例：为什么投资蓝莓公司是聪明的决策

蓝莓公司按投后 1 亿元的估值，A 轮计划融资 1000 万元，预测 3 年后估值达到 10 亿元。蓝莓预计经历第一年战略亏损后，在第二年基本实现亏损与盈利持平，第三年实现收入 5 亿元并大规模盈利（详见收入预测部分[①]）。按计划，蓝莓文化节在 2023 年举办第 1 场，2024 年在北京、上海、深圳共举办 3 场，2025 年推广到 10 个新一线城市共举办 10 场。蓝莓文化节的收入来源有门票、线上直播、品牌赞助、周边衍生品等。其成本端借助果味大股东的支持会远低于业界平均水平。

在实战中，故事线各要素的详略和侧重安排更重要，而其顺序可以灵活调整。故事线 5 元素是叙述内容的逻辑组合，主要在文档初创期帮助作者脱离细节的羁绊，从叙述整体上审视逻辑。它主要起指引和防止疏忽遗漏的作用。故事线提供了 3W2H 自然顺序的侧重，如图 4–4 所示，但作者也可以根据沟通的具体需求重组甚至将某些元素分散在文档各处。

对于不同类型的文档，由于听众关注点的差异，3W2H 各元素的重要性和详略安排也会有明显区别。

示例中，蓝莓文化节的商业计划书就对故事线 5 元素各有要求，并非 5 元素同等重要。在商业计划汇报的高阶场域中，投资人是最终决策者，因此汇报

① 虚拟案例无预测细节。

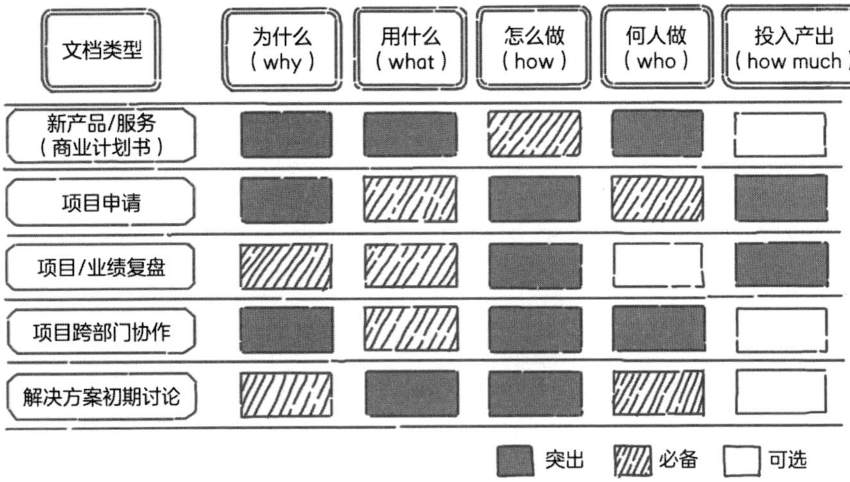

图 4-4　文档类型和 3W2H 元素的自然顺序的侧重

者要从投资人的视角来安排沟通内容。投资人初次接触公司商业计划书时，主要判断：这个公司及其产品到底靠不靠谱，值不值得关注，要不要参与投资。因此文档要格外关注市场需求描述（“为什么”）、产品介绍（“用什么”）和优势分析（“何人做”）。常见错误是主讲人沉浸于自己的世界中自说自话，对投资人的关注点不敏感，比如过多分享公司财务压力大之类的创业艰辛等，结果往往适得其反。趋利的资本不喜欢雪中送炭，投资人需要听到你如何能持久地赚钱。

再看看跨部门协作文档的特殊性。当项目要依靠跨部门协作来确保成功时，由于关键人来自无上下级隶属关系的部门，作者要从便于对方理解的角度调整故事线元素的详略安排。跨部门协作沟通的核心是回答其他部门为什么协作和怎么协作的问题。故事线的“为什么”和“怎么做”要重点阐述：“为什么”要提升到本部门之上，最好是公司级“必赢之战”的高度；而“怎么做”需要详细解释跨部门各方协作的具体内容、时间点和衡量标准等。

其他高阶商务沟通常用的文档，如立项申请、项目复盘、方案讨论等，都应从听众或决策方的视角阐述，根据关注点差异调整故事线 3W2H 元素的侧重。

我们着重讲述的 3W2H 故事线虽然是复杂商务文档的经典结构，但并不是唯一结构。其他常用故事线结构各有不同侧重，有的适用于简单而直接的沟通，有的适合特定商务沟通场域。其他故事线框架在第 9 章中有更详尽的讲述，包括 SCR 框架（Situation-Complication-Resolution），还有生动易懂的 W-S-N（What-So What-Now What）模型等。

用点线大纲讲故事

在麦肯锡，点线大纲和故事线是可以彼此替换的词语，都在说战略文档的整体纲要。点线大纲强调呈现形式（见图 4–5），故事线强调叙述功能。

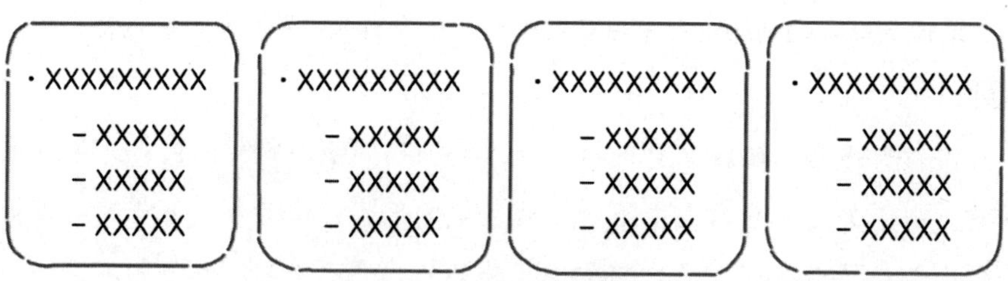

图 4–5　点线大纲 PPT 版本

顾名思义，点线大纲由点和线组成。点用来承载主要观点，线是点下面支持主要观点的分论点或支撑论据。点线大纲可以用来平面化金字塔结构（见

图 4–6）：把金字塔每一层扁平化，然后自上而下连在一起，变成形式上的点线大纲。

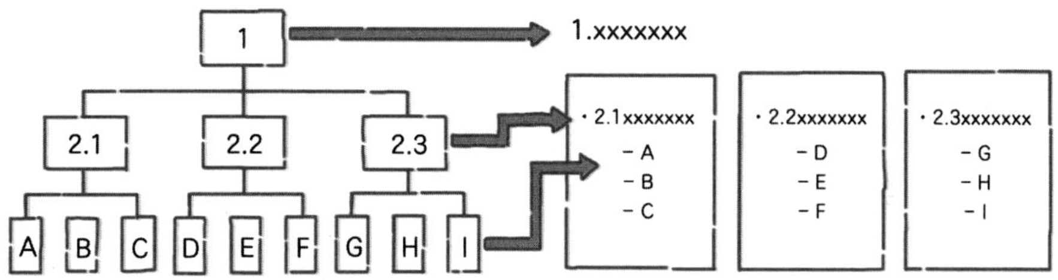

图 4–6　将金字塔转化成点线结构

相对于金字塔形式，点线大纲有用法简单且更便于纯文本沟通的优势，因此成为麦肯锡故事线的首选载体。点线大纲用点和线表示逻辑的层级关系，避免了因画金字塔外形而浪费精力，降低了故事线的制作成本。同时，点线结构的纯文本载体，用于电子邮件及短信沟通都十分便利；而金字塔在进行电子传递时往往需要转化成图片，否则稍不注意就会因字符错位而无法阅读。

点线大纲可以承载多层完整的故事线，点线之下支持更深的拆分。之前讲到的故事线顶层梗概，即 3W2H 元素是点线大纲的第一层。顶层故事线内容确立之后，在点线大纲第一层之下会添加 2 ~ 3 层级细节，这样故事线的点线大纲才会丰满和完整。图 4–7 是比较典型的麦肯锡文档的点线大纲。

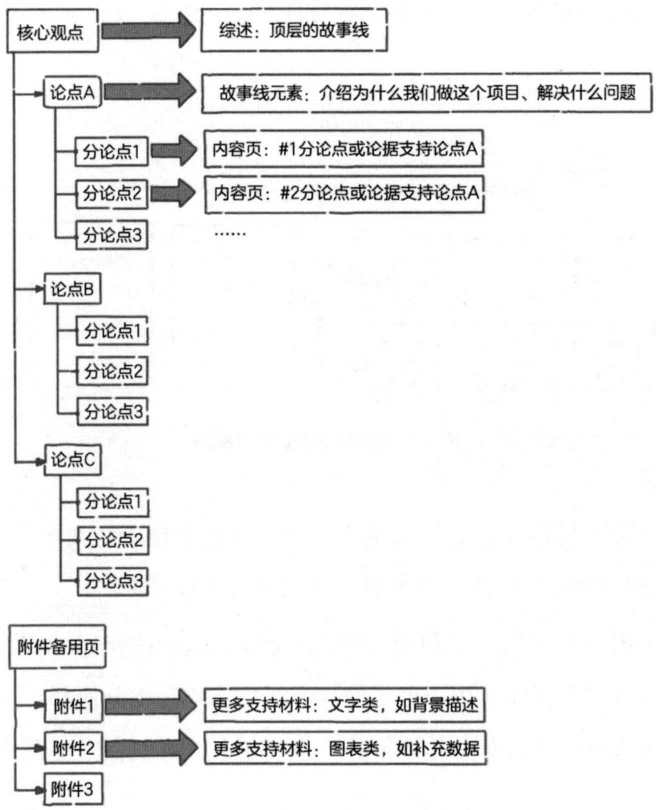

图 4-7　点线大纲组成的文档结构

还以蓝莓文化节的商业计划书故事线为例。在之前商业计划书故事线的初稿中，3W2H 的每个元素是以成段的文字描述表达的，我们可以用点线大纲对其进行改写，让叙述结构更加清晰。

1. 现状：传统线下音乐节赛道状态低迷，大多数玩家亏损

- 头部音乐节亏损或仅获微利

- 线下形式单一，对新生代缺少吸引力

2 . 机会：Z 世代新需求没有被市场满足，市场潜力巨大

-Z 世代音乐品位有主流、多元化和综合性的需求趋势

-Z 世代消费能力强且代表未来，市场潜力巨大

3 . 全新模式：蓝莓文化节以创新组合形式全面满足 Z 世代的文化需求

- 以流行歌手为主，兼顾小众音乐

- 多元化形式的文化盛宴：音乐、电子竞技、极限运动等

- 线下场地设计

- 线上线下融合：线上同步直播，影响力和收入双丰收

4 . 核心优势：蓝莓团队及生态优势力保持续成功

- 明星团队：核心团队经验丰富

- 大股东果味生态：艺人经纪、直播平台、电竞战队

5. 团队简介：核心成员简介

6. 果味生态：娱乐行业龙头企业，相关资源丰富

7. 融资计划：财务预测及 A 轮融资需求

上面的点线大纲突破了故事线 3W2H 元素固有的模块组合束缚，适配商业计划书的叙述。如果用 3W2H 元素来对应，我们会发现这版大纲结构没有与 3W2H 一一对应，而是把各元素分散在不同的点线组件里：“为什么”在第 1 ～ 2 点；“用什么”和“怎么做”在第 3 点；“何人做”在第 4 ～ 6 点；“投入产出”在第 7 点。

点线大纲贯穿于商务沟通文档创作的全周期，可以逐渐完善文档。即使只有点和一层线深度的点线大纲初稿，上述商业计划书也已经给出了比计划书

更清晰的整体叙事脉络，能激发团队成员间有价值的讨论。比如，这份大纲从投资人视角看，“用什么”部分占比有些失衡，可以考虑进一步拓展。针对Z世代的全新文化节形式是听众关注的要点，而目前“用什么”和“怎么做”只用一个点来讲，在篇幅上显得单薄，很难讲深、讲透。我建议增加鲜活的细节，如场地设计、营销方案、明星组合等让整个描述生动起来。

在初级版本的基础上，我们还可以讨论下一层细节的创作。目前点线结构只有2层，需要添加1 ~ 2层结构并填充更多的细节。比如，关键词多元化和线上线下融合能否展开下一层细节；多元化内容之间如何互动并组成整体，如何跟音乐混搭；线上线下融合如果不仅是简单的文化节直播，而是一个线上线下互动的新模式，则还需要补充更多的细节等。

类似有营养的讨论（麦肯锡内部称之为PS[①]）可以不断提升点线大纲的质量，深入讨论在麦肯锡内几乎一天一次甚至一天两次；而初期不成熟的点线大纲可以为这样的快速迭代打下坚实的基础。借助故事线、点线大纲进行高频讨论，小步快跑地迭代商务文档，确保我们在时间压力下依然能按时输出高质量的文档。

综上，以点线大纲为形式的故事线属于商务沟通3S原则中的结构部分，是在商务沟通叙述中顶层的结构应用。根据3S原则，结构应依照战略而制定。除了本章介绍的文档类型（如商业计划书、复盘文档），影响故事线结构的要素还有沟通战略的其他要素，如前文提到的沟通目的、沟通时间、物理空间、听众习惯和意愿等。反复斟酌各战略要素之后，我们才能选择或创造更适合特定沟通场域的故事线结构。

只有确定了整体故事线，我们才能开始聚焦每页PPT的具体创作。

① problem solve 的简写，指头脑风暴。

第三部分

写作篇

第5章

选择每页的构图

每张 PPT 都是空白的画布；你宛如一个踌躇满志的艺术家，手拿虚拟的画笔在电脑前闭目深思，即将绘制最新、最美的 PPT。这其实是你的想象。

PPT 并不是创造力爆棚的艺术创作。PPT 作者完全不需要给自己太大的压力来“重新发明轮子”。作为商务沟通的常用载体，PPT 有自身明确的制作要求和规则，我们只要学习、严格遵守规则并反复训练就能绘制高质量且专业的商务文档，从容不迫地完成商务沟通任务。

本章将体系化地介绍 PPT 的基础知识。当我们熟练掌握制作 PPT 的技巧后，自然就能揭开战略咨询的神秘面纱：其实，即使是以书写 PPT 为生的麦肯锡咨询师，也只是“惟手熟尔”的商务文档“制作匠人”。

作为视觉呈现的一种方式，商务 PPT 与绘画也有共通之处，都讲究结构的均衡。第 4 章介绍的工具会帮助我们构建 PPT 文档整体结构。本章着重介绍以每页 PPT 为单位的页内结构设计。

单结构 PPT 内容仅包含一个图表、表格和相关叙述。单一结构不需要将 PPT 单页划分为更小单元。PPT 的标题和粗线条划分的内容就可以满足单结构 PPT 的要求。单结构 PPT 要符合读者基本的阅读习惯，比如图表或表格通常置于画面的正中央等。

大多数 PPT 的内容是复杂多样的，要表达的核心主张可由多个描述或判断甚至多个视角组成，会有多个图表或表格作为支持数据的素材。面对复杂内容，初学者常犯的错误是把相关内容简单地堆砌在页面上，希望读者能猜到自己的思路，找到深埋在某处的相关数字和逻辑。然而，读者经常会因此迷茫，然后判定作者不通透、不专业。

> **小贴士** / 每页 PPT 只讲一个故事。如果有两个或两个以上复杂主题，最好将内容分为多页 PPT。

当我们需要用复杂内容来表述中心时，在 PPT 构图方面，我们需要像使用黏合剂一样，用构图工具把各部分内容凝聚成一个整体。"构图组件"就是用于连接 PPT 内容的视觉框架。它多以文本框类图形的形式存在，像指示牌一样指引或提示读者如何解码本页 PPT 的内容。常用的构图组件包括并行、递进、流程、筛选、总分和复式六大类。

> **小贴士** / 我们已经知道要表达的中心，计划动手制作 PPT 时，要反复问自己：如果读者打开将要成稿的 PPT 会读出什么样的中心观点？在讲者缺席时，PPT 内容能否引导读者看到讲者要讲述的那个洞见或观点？

构图 1　并行组件

并行组件的应用最为普遍。我们经常用几个并列的论据支持论点，或者将观点按照"子目录列举法"[①]切分成 n 个并行的组成部分（见图 5–1）。比如，

---

① 《麦肯锡结构化战略思维：如何想清楚、说明白、做到位》介绍切分的四大方法之一。四大方法分别是子目录列举法、流程法、公式法和逻辑框架法。

观点“A 公司是家优秀的企业”可以被拆分成 3 个不同的维度：财务指标、科技先进性和社会贡献。并行组件可用来将 3 个并列的要素布局在一张 PPT 中。

如图 5–1 所示，并行组件将内容部分清晰地划成 3 个部分，使每个支撑观点都有独立的阐述空间。重复的简单文本框将本无结构的页面划分出泾渭分明的组成部分，增加了条理层次及专业感。并行组件以方形文本框为主，但也可以是其他形状（如旁边的五边形）的。由于每个组件大多是同级的，文字框在外形尺寸上通常要保持一致。

图 5–1　并行组件示例

每页并行组件的最佳个数并没有严格限定。通常，并行组件多用于显示数据组，比如呈现各省级行政单位的销售数据时，组件数量甚至可以超过十宫格（见图 5–2）。

当我们用并行组件将空间划分成更小单位之后，组件内部的内容也要在结构和风格上尽量保持一致。还是以各省级行政单位的销售数据为例，如果部分省级行政单位的销售数据是展现 12 个月变化的线图，那么其他模块就要尽量采取类似的线图并截取一样的计算周期。这样能让并行组件整齐划一，也容易显示数据规律并提炼洞见。

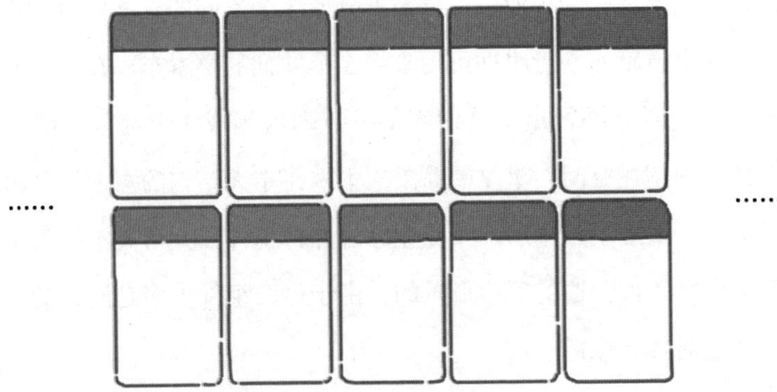

图 5-2　十宫格

构图 2　递进组件

递进组件也是常用的组件之一。在一页 PPT 中，我们经常要展示逻辑递进（如因果推导）或时间更迭（之前 vs 之后）的顺序，递进组件就可以满足这种需求。比如，我们计划用一页 PPT 讲"'95 后'音乐品味的变化导致对音乐节需求的变化"，就可以用递进组件把页面划分成两部分。

第一个 V 形文本框（见图 5–3a）阐述目前消费者需求的变化："'95 后'音乐品味的变化"；后面矩形文本框阐述需求变化导致的结果："对音乐节的全新需求"。除了 V 形文本框，我们有时也可以用箭头（见图 5–3b）代表逻辑上的递进。

除了逻辑上的递进，递进组件也可以用来表示时间的递进，如之前 vs 之后。比如，第一个 V 形文本框可以表示"现状"，第二个矩形的文本框表示作者建议的"未来"状态。比如，左边标题行是"现状：音乐节多以单一品类为主"，而右边矩形文本框的标题行是"未来：蓝莓音乐节是多品类主流音乐的

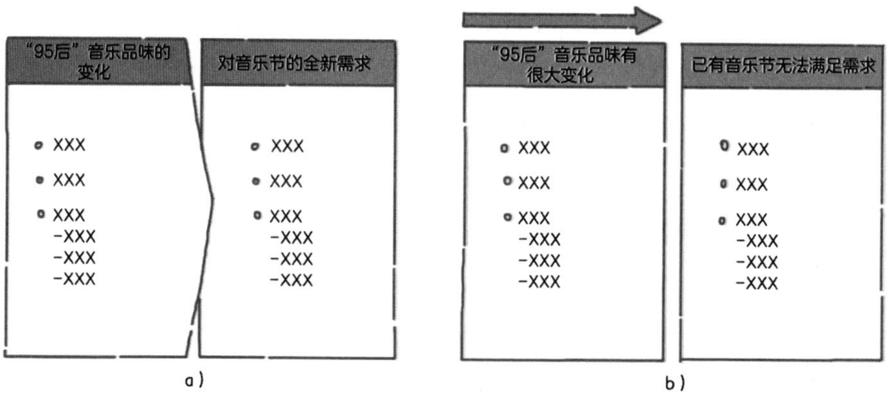

图 5-3　递进组件

盛宴"。然后，我们可以在各自下面附属的文本框里描述细节。

一定要注意递进组件和并行组件的细微区别：递进组件有 V 形边线和箭头表示方向；并行组件既没有 V 形边线也没有箭头，是两个同样的形状并列摆放。常见的错误是混淆这两种组件。当我们用递进组件描述两个同一层面的内容或用并行组件表示递进关系时，会给读者带来不必要的误导甚至造成误解。

递进组件的形态多样且不一定要明示方向。比如图 5–4 中的阶梯图自带方向和层级，这样可以省略箭头。短期、中期和长期的目标是每个部分的中心观点，阶梯将 PPT 分割成 3 个不同的区域，每个区域可以用来集中描述阶段性目标及拆解出的细节。

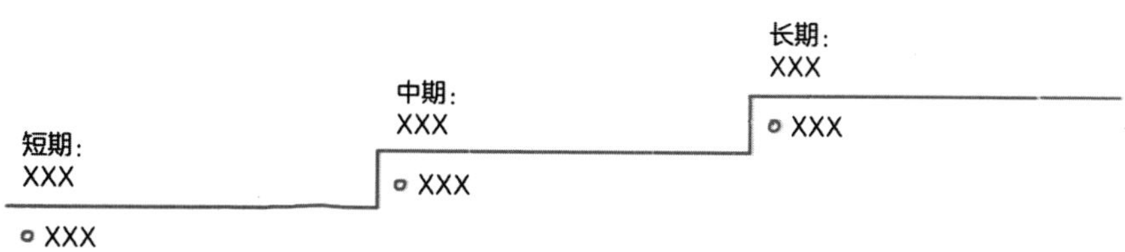

图 5–4　递进组件：阶梯图

表示递进关系时同样要尊重读者的阅读习惯。我们一般从左到右、从上到下阅读，所以V形边线和箭头的方向一般也遵循这个原则。在简单的线性推理递进关系中，不要用类似从右向左的逆向组件布局。

构图 3　流程组件

与递进组件相似，流程组件也有强顺序关系；流程组件所代表的流程复杂性较高，组件的数量及相互关系更加复杂，因此我们单独讲解流程组件。

流程有时间顺序，如图 5–5 所示，我们用流程组件把传统制造公司的产品端到端的过程画了出来。每一个流程都是一个V形文本框，文本框的前后排布遵循时间顺序。在V形文本框下面对应的长方形文本框里，我们可以记录各阶段的细节。

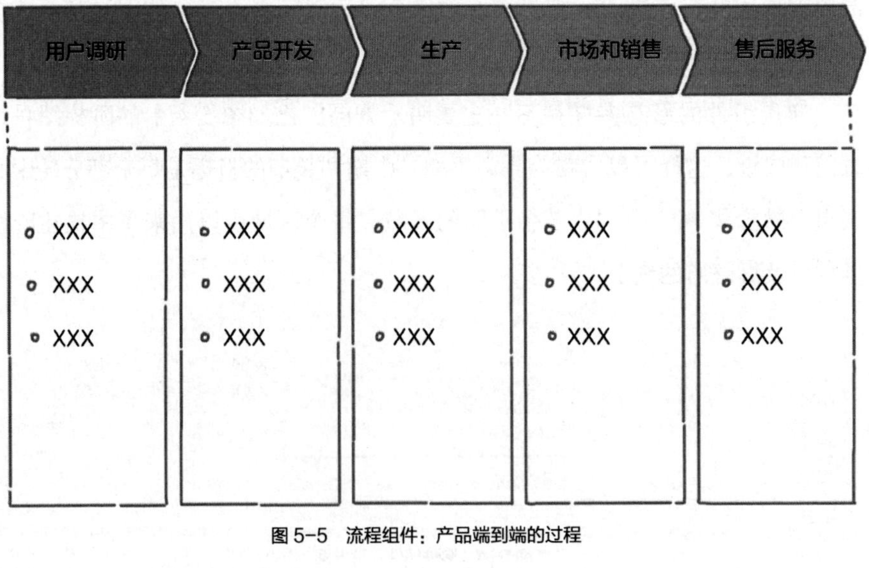

图 5–5　流程组件：产品端到端的过程

流程组件可以附加其他信息，增加整个图表的信息密度。比如，可以用不同长度的 V 形文本框表示时间长短。在图 5–5 中，我们可以将其中一个组件（如“产品开发”）拉长，然后在上沿或下沿标注具体的时间跨度。如果组件由并行的或更小的模块组成，我们可以如图 5–6 一般，灵活地使用 V 形文本框（如多个 V 形或箭头叠加）。这里“行业冲击”的 3 个箭头表明多个冲击会推动产业结构或格局的变化。

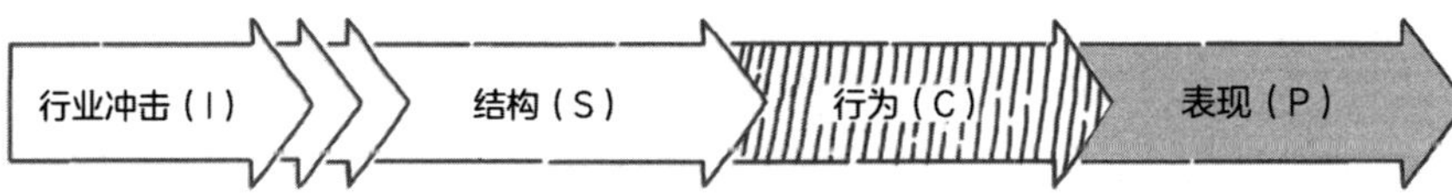

图 5–6　SCP+I 模型

流程有不同的结构，“点到点”是最直接的类型。比如图 5–6 展示的 SCP+I 模型就是这种“点到点”类型，PPT 布局时一般用单向的箭头来表示步骤和方向。

循环和相互作用是相对复杂的流程，布局时要标示闭环。简化的画法就是将 2 ～ 3 个首尾互连的曲线箭头放在两个位于同一水平线上的模块中间。比如在新麦肯锡五步法中（见图 5–7），提出假设和验证假设是循环渐进的，这里用 3 个箭头表示循环关系。

更形象的做法是用微弯的 V 形文本框连接而成的圆环表示循环。在经典的“消费者决策旅程”中（见图 5–8），我们可以看到消费者从开始考虑产品，一直到成为铁粉的决策周期。考虑—评估—购买—体验—转介绍—成为铁粉构成了流程的第一圈；成为铁粉后可以再一次经历购买—体验—转介绍等步骤，周而复始地加深铁粉属性，从而形成消费者决策的良性循环。“消费者决策旅程”是“流程法”切分的经典案例，这个决策旅程也可以画成“漏斗”，也就是利用筛选组件体现每一次关键决策点客户的流失数目。

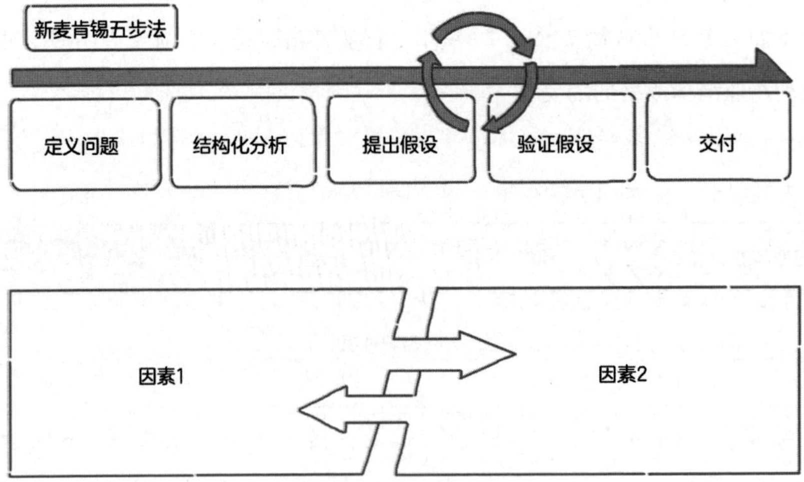

图 5-7　简单的循环和互动图表

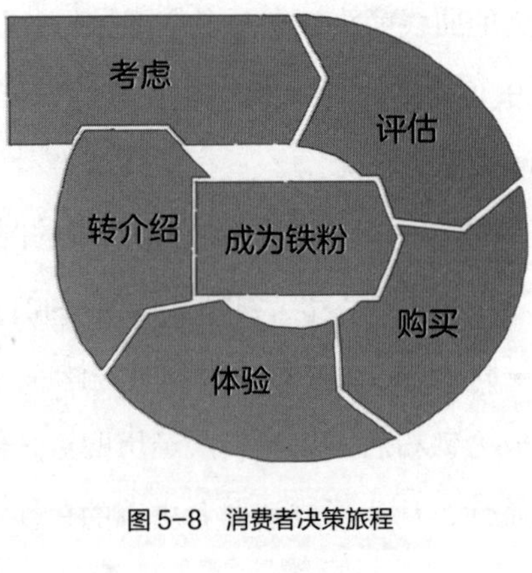

图 5-8　消费者决策旅程

与绘制递进组件的原则相同，绘制流程组件也要尊重读者的阅读习惯和预期。

构图 4　筛选组件

要表达通过一系列的步骤或筛选生成了某个成果或实现了目标，我们一般会用漏斗状的筛选组件。筛选组件与流程组件都体现强顺序关系，但筛选组件用从宽到窄、从大到小的视觉差异强调过程中数量的减少或精度的提升。

比如，市场活动要评选品牌的带货达人，我们的任务是用一张 PPT 描述项目各步骤的细节。在这种场域下，从海选到决赛的整个流程就可以用筛选组件构建，如图 5–9a 所示。图 5–9a 中箭头和 V 形文本框代表流程的方向，而文本框减少的高度代表减少的人数。类似组件一般会被放在一张 PPT 的最上端，在下面用单独的文本框解释每一步骤的细节。再精进一步，我们也可以在箭头的左右标注进出漏斗的总人数，让这张图的信息更加具体。

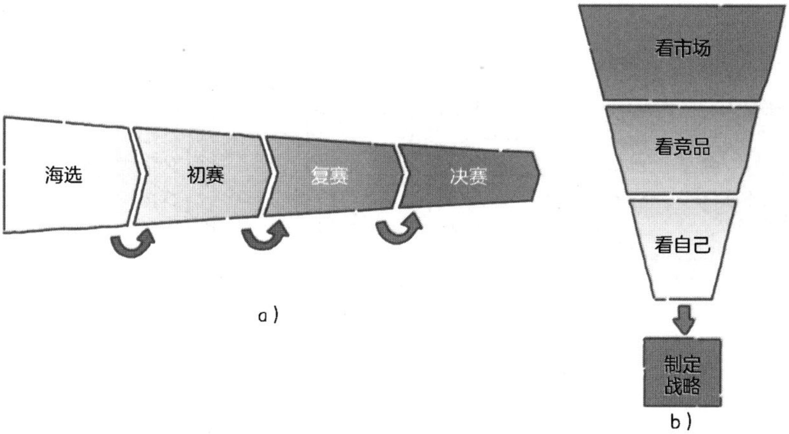

图 5–9　筛选组件：漏斗图

又如，我们计划向上级汇报产品设计的整体思路，需要用PPT描述关键动作和内容，这时可以用筛选组件。如图5–9b所示，我们用一个漏斗把制定产品战略之前的关键“三看”动作框在一起，每个动作像漏斗中的一块滤纸，而最终思考的结果像被过滤提纯的精华。这种构图形象地暗示产品设计的思路是严谨的，而生成的主意是被高度提纯的。纵向的漏斗通常放在PPT最左端，而每一层对应的右侧空间可以放置文本框组件，对其内容进行更深入的阐述。

在构图的方向上，筛选组件通常是从左到右或自上而下的。但有时我们要突出层级的递进，比如在描述职级或薪资的情况下，自下而上的正金字塔也是常见的筛选组件。还有一种组件是滤网图（见图5–10）。滤网图是将自上而下的漏斗图水平呈现的组件，其指代的逻辑与漏斗图相似，表示过滤提纯。比如，利用滤网图表示从海选到冠军队产生的全流程，海选之后要经过4轮的角逐筛选，每次筛选都可用一张滤网表示。箭头的方向表示筛选人流的方向，箭头的多少示意人数的增减。作为构图组件，在每个滤网下方，作者可进一步阐述筛选环节的细节。

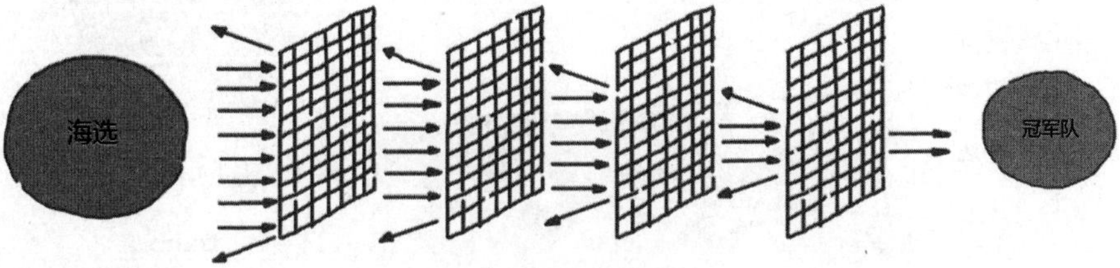

图5–10　筛选组件：滤网图

构图 5　总分组件

总分组件的中心要点为“总”；周边多个支持的要素为“分”。总分组件强调中心“总”的价值，将其放在视觉中心，“分”要素则紧密地围绕其周边体现紧密关系。除了中心的“总”，总分组件与前面提过的并行组件十分相似。

总分组件十分常用，可以由不同的形状组成，但一定要有中央的视觉锚点。比如图 5–11、图 5–12 中的总分组件的外部轮廓包括三角形、正方形和圆形，大家可以清晰地看到居中的“总”中心。图 5–11 的中心“顾客满意度”依靠三个“触点”：线下门店、电话客服和在线帮助。三角形的每个角都代表一个触点，围绕“顾客满意度”这一中心，说明三个要素缺一不可，彼此助力才能实现顾客满意度提升的目标。

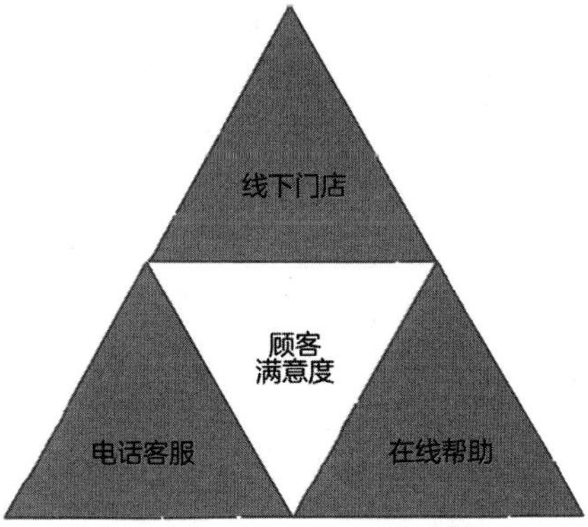

图 5–11　总分组件：三角形组件

再如，线下外语培训机构要向投资人阐述个性化服务的特色是多角色、全方位，可利用图 5–12 的正方形组件或箭头形成的圆形组件来描述。“个性化服务”被放在中心，外面的组件代表各个服务的提供主体，包括外教、中教、班主任和客服。四方共同努力提供 4 对 1 的服务，强调个性化资源充足和品类齐全。有时，我们也可以用不同的色系或背景突出中心“个性化服务”。在两种呈现图形中，箭头组成的圆形更有动感，相对于中规中矩的正方形，更能突出互动和协力关系。

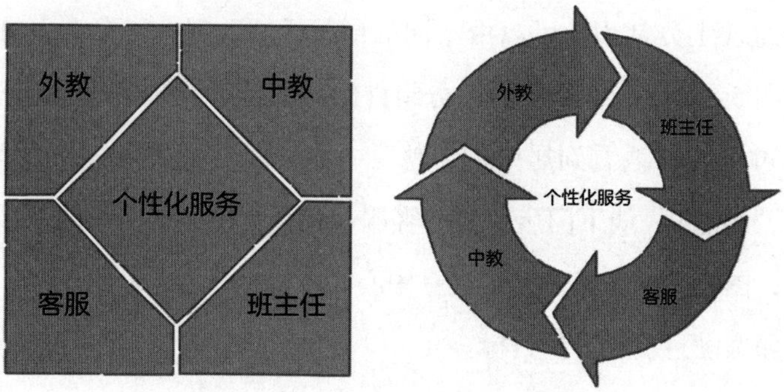

图 5–12　总分组件：正方形和圆形组件

总分组件往往被放置在 PPT 的正中心，然后用虚线连接具体组件和与其对应的文本框。以总分组件为布局工具，PPT 自然就有了聚焦的核心和平衡的布局。

构图 6　复式组件

复式组件是个“大箩筐”，这里指上述 5 种基础组件之外的其他复杂组件。上文中的并行、递进、流程、筛选和总分组件是基础组件。通过排列组合，它们可以生成很多复合式组件；将其中某一部分放大，也可以生成新的组件。

比如，我们可以把流程和并行组件结合在一起，突出在流程的某一环节内的并行因素。如 SCP+I 模型增强版（见图 5–13）中，我们将冲击（I）进一步拆解成两类并行的因素：宏观和微观。这个增强版模型会给我们足够的空间讲述冲击的下一层面细节。

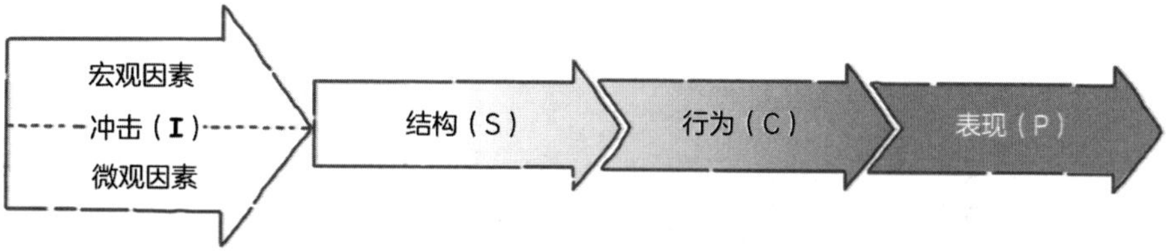

图 5-13　复式组件：SCP+I 模型增强版

我们还可以将基础组件的某一部分放大。如图 5-14 所示，此页 PPT 套用了并行结构的底稿，但与并行不同的是，这里强调某单一元素。公司的四大服务能力之一外教能力是核心竞争力，这里用套件的形式将外教能力框出，然后

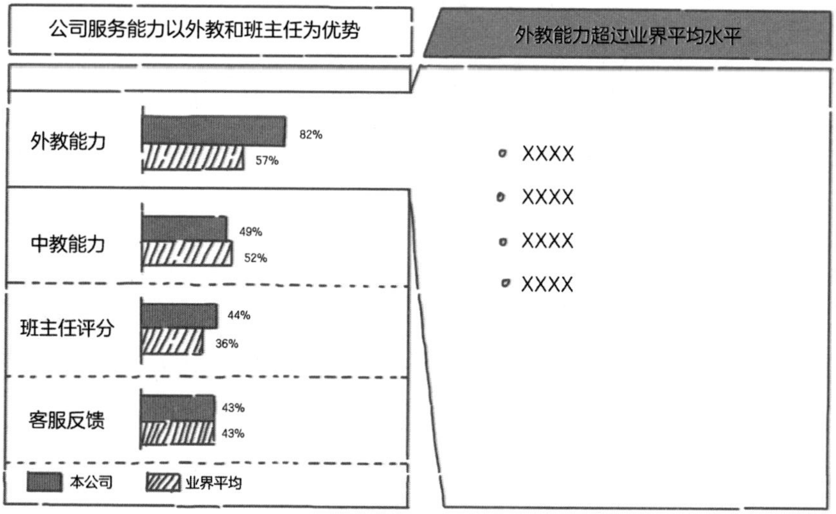

图 5-14　复式组件：总分结构增强版

资料来源：2022 年行业用户满意度调研。

在右面的文本框中描述外教能力超过业界平均水平的原因及细节。这个组件可以在 4 张连续的 PPT 中应用，每一张 PPT 突出不同的能力，然后进行细节讲解。如此，左面的能力及对比分数就起到目录的作用，让人耳目一新。

除了基础组件的组合与放大，复式组件还包括各种创造性的个性化组件。如图 5–15 所示，涟漪图、套娃图、金字塔等都可以成为 PPT 布局的框架。

顾名思义，涟漪图就是一圈圈的水波状布局（见图 5–15a）。涟漪图通常用作主营业务和众多衍生业务的描述：靠左下四分之一的圆是主营业务，而外围的层层涟漪代表非主营业务。越靠近主营业务的，与公司主营业务的相关性应该越强。涟漪图还可用作公司规划的短、中、长期划分，靠左下四分之一的圆是一年内的“必赢之战”，从左往右的每一个刻度可以是一年或其他时间段。

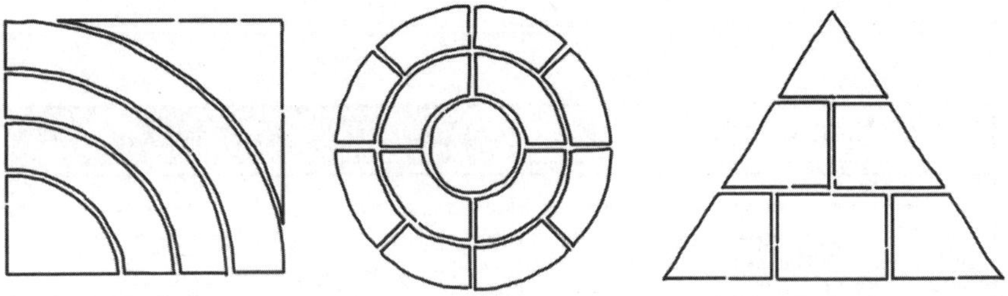

a）涟漪图　　b）套娃图　　c）金字塔

图 5–15　个性化组件

套娃图和金字塔组件都可以用来描述强等级关系。套娃图的最高等级在中心，而金字塔的最高等级在顶端；因此可以把套娃图看作金字塔的俯视图。比如，我们可以用套娃图和金字塔来描述公司业务部门的分布，套娃的中心或金字塔的顶端必然是首席执行官、总经理办公室，而往外或向下就是一层一层的业务部门及下属组织。

创造性的构图组件不一而足，甚至可以以地图或设计蓝图为框架。我们在意识到构图组件的存在并掌握其基础应用后，可以多参考、借鉴和学习他人优秀的 PPT 设计及其框架组件。

最后要提醒大家：复式组件并不等同于高效。麦肯锡认为，高阶商务沟通的 PPT 要用其中的洞见、干货和支撑数据及逻辑赢得客户，因此在 PPT 的展现形式上追求至简和专业。过于花式或繁复的 PPT 结构会对读者的阅读及理解造成干扰，因此不鼓励应用。本章介绍的基础构图组件可以满足大部分的 PPT 汇报要求，如果大家能活学活用、举一反三，必然会让自己创作 PPT 的水平提升到一个新高度。

第6章

锤炼商务语言

按照所占篇幅，文字内容（包括分布在描述中的数字）是商务文档最主要的组成部分，需要有“商务范儿”的沟通风格。

沟通风格是指作者与听众或读者沟通时采用的语气及态度。商务文档不同于诗歌或小说，不是情感的抒发，而讲究就事论事，用数据和逻辑取胜。商务沟通往往有明确的目的性（如解决问题）和较强的时效性（如推进项目进度），要求文字内容及其呈现风格有针对性、明确、具体和直接。专业的商务文档要求尽量避免因语言风格而产生不必要的干扰及风险，保持相对保守和中性的文字风格，提倡用易懂的“大白话”承载逻辑和数据。

商务写作能力是指通用写作能力在商务场域中的具体应用。写作能力是一个很大的话题，包括遣词造句和遵守语法规范等基本功，还包括布局谋篇的大局观。外界因素也会影响商务文档风格的选择，如正式或非正式场合、直接或非直接沟通，以及书面、口头、视频等沟通形式。关于沟通风格和商务写作能力，可以参看沟通及写作类图书。本书囿于篇幅，主要聚焦商务文档对文字的独特要求，并针对职场人常犯的错误提供相关建议及提升方法。

商务文字四大原则

书写高阶商务文档时，使用语言文字要遵循四大原则：有效至简、专业保守、主动直接和定量具体。

原则 1　有效至简

“有效至简”要求 PPT 中尽量使用结构简单的短句，去除冗余内容，保持精练。每页 PPT 的篇幅有限，可谓“寸土寸金”；行文中与主题无关或重复的信息应一概删除。比如下面的两组描述：

- 产品名称直接影响销量，需遵循以下三大原则——A，B，C；
- 如果我们希望产品在中国市场卖得好，同时兼顾其他国家和地区市场的需求，还要与经销商的类似产品有区别，产品命名就要遵循以下原则——A，B，C。

首先，第二种说法使用了复杂的句式结构（在“如果……就……”句式中套用“同时……还要……”）和近乎第一种说法 3 倍的文字量去限定原则，读者阅读起来相当吃力。其次，这些描述缺乏提炼，迫切需要精简和聚焦。最后，本句的表述重点在于引出三大原则，过多修饰性描述会淡化核心内容，影响沟通效率，甚至有喧宾夺主之嫌。

> **小贴士** / PPT 的标题行是本页核心观点的浓缩，需要反复推敲。标题行必须是明确的判断，同时长度一般不超过 1 行。

原则 2　专业保守

麦肯锡坚信商务沟通要用高质量的洞见、支撑洞见的严谨逻辑以及翔实的数据征服听众。因此麦肯锡强调，在表现形式上，PPT 作为展示洞见的载体，主要任务是原汁原味地表述洞见的内容，尽可能专业和保守，杜绝华而不实、噱头式内容。按照这样严格的标准，我们在商务 PPT 中常见的花哨“技巧”，如飞进飞出的箭头或星号、忽大忽小的文字、随意变更的颜色等，都是不专业的表现，是对商务沟通不必要的干扰。

在专业保守的原则下，麦肯锡对每页 PPT 的细节，如色系、字号、注释、页码等都有细致甚至有些烦琐的要求。

PPT 色系需要和谐，避免颜色跳跃带来视觉不适。麦肯锡 PPT 以蓝色系为主。“麦肯锡有 200 种蓝”的笑话十分形象，是对麦肯锡要求 PPT 只能用蓝色，而咨询师绞尽脑汁用深浅不同的蓝色表示强调或区分不同内容的一种夸张形容。其他颜色不是不能用，但一般只在极特殊的情况下才允许采取标红等方式突出要点。我们在创作文档时，要尽量使用公司或甲方的常用色系，有意识地按照色系颜色的渐进顺序设计图表和文字的颜色。海报中呈现了多种不同色系由浅到深的色块渐进，可作为 PPT 用色的参考。

PPT 首页的字号需要保持一致。除了 PPT 的大标题和页脚的注释，麦肯锡文档提倡正文字号相同，一般是 12 磅（1 磅 ≈0.35 毫米）或 14 磅字。忽大忽小的文字会让整个 PPT 显得杂乱无序；严禁像套娃一样使用不同的字号，把 PPT 写成测试视力水平的图谱；即使内部的细分标题也不能用更大的字，最多用粗体（Bold）显示其重要性。如果要表示层级关系，建议利用类似点线结构的行首字符错位来显示。

如图 6–1 所示，PPT 中还有各种细小的组件，如状态标签、来源等，也都有相应的标准。状态标签提供附加的辅助信息，解释内容成熟度、保密性等，让读者得到更全面的信息。图 6–1 中的“初步成果”状态标签提示读者此内容并非最终结论，未来或许会有更新。“资料来源”表明文字中数据或引述的出处。任何用来支持核心论点的关键数据都要标明出处，即使是自己调研的结果也要用“团队调研”字样明示。当然，PPT 一定要有页码！尤其在线上会议越来越多的今天，PPT 缺失页码很可能给读者带来不必要的挑战。

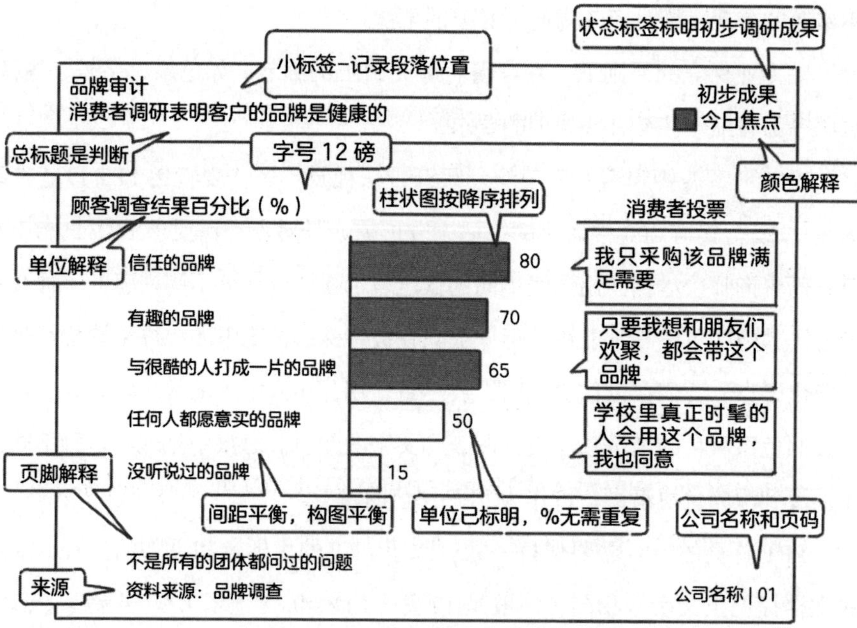

图 6-1　麦肯锡制图示例：精致但不花哨

麦肯锡“挑剔”般重视文档细节，其细致的要求难以穷尽。除了上述色系、字号、注释、页码等要求，麦肯锡还要求 PPT 各组件的间距一定要平均，参差不齐的间距会让 PPT 显得不严谨；成段的文字要左对齐而不是居中，以避免英文单词之间的距离宽窄不一；一旦有重复的语言或符号，就要仔细推敲是否可以将其合并或省去，因为至简的结果是页面干净整洁。类似的要求不胜枚举。

“文如其人”，PPT 文档的质量体现公司和咨询师自身的专业度；连文档都这样一丝不苟、专业保守，公司和咨询师在其他方面应该更加值得信赖，可以委以重任。

原则 3　主动直接

PPT 语言要多用主动句而避免被动句。主动句和被动句有不同的特色和效果：主动句的主语即行为主体，总是十分明确地出现在第一序位，既直接明了又容易理解；被动句则含糊其词，弱化甚至隐去了行为主体。主动句在听众面前凸显控制感和强大的自信；被动句则显得闪躲、犹豫。只有在极少的情境下，比如法务文档有时不能透露行为人的信息，才会使用被动句。比如下面两个陈述：

- 知名审计咨询公司 A 审计并通过了 M 公司 2021 年虚假的财务报表；
- M 公司 2021 年虚假的财务报表被审计并通过了。

第一句话的主语是审计咨询公司 A，这样的主动句信息清晰且表述直接。第二句话看上去就弱势很多，而且有故意隐瞒关于行为主体审计咨询公司 A 的关键信息的嫌疑。

我建议大家在修改商务文档时把所有的被动句都标出来，然后逐个判断应用它的必要性。如果没有隐藏行为主体等特殊目的，就将被动句逐一改写成主动句。比如，“公司财报的第二次审计将被实施”可以改成“公司内部财务将实施第二次审计”，其效果显而易见，读起来更直接和可信。

> **小贴士** / 被动句在商务文档中应慎用。在修改商务文档的最终阶段，我们应该标出文中所有的被动句，逐一确认其必要性。将非必要的被动句改写成主动句，沟通效果会有明显提升。

原则 4 定量具体

在商务文档中，对事物的描述或判断有两种不同的模式：定性和定量（见表 6–1）。我们常用且熟悉的模式是定性的，以文字为主，如专家意见、社会观点、客户评价和自己的主观评估等。“用户调研发现，消费者对公司 M 的常温奶产品 A 并不满意”就是一个典型的定性判断。

表 6-1 定性与定量的概念

项目	定性（qualitative）	定量（quantitative）
定义	关于性质的信息	可以直接用数字衡量的信息
存在形态	往往用自然语言描述	可以直接用数字表达
类型	文字	数字
示例	• 专家意见 • 社会观点 • 客户评价 • 主观评估	• 传感器数据 • 测量数据 • 财务数据 • 调研问卷评分

相对于定量，定性判断更加主观。如果在 PPT 中大量运用定性判断，会

给读者一种无事实依据“拍脑袋”决定的负面印象。关于消费者态度的判断是“不满意”，而“满意”或“不满意”是主观的相对概念，每个人对“满意”的客观评判标准都不尽相同，读者自然会好奇甚至挑战“不满意”这个判断的推导过程和支撑数据。

定量描述直接用数字来传达信息，比如传感器数据、测量数据、财务数据、调研问卷评分等。在文字描述中，定量和定性缺一不可：我们需要定性来判断，用定量数据来支撑判断。上述关于产品 A 的判断可以增加定量的描述：“用户调研表明，消费者对常温奶产品 A 的健康功能意识不足，仅 60% 的被访消费者选取健康因素作为产品 A 的前三大购买因素，显著低于竞品 B 80%。”这里补充的定量信息充分支持了“健康功能意识不足”的定性判断，让定性判断更加可信和具体，也更有说服力。

综上，我们要有意识地运用商务文字的四大原则，即有效至简、专业保守、主动直接和定量具体。这些原则会帮助我们提升商务语言的整体质量。

小贴士 / 在商务沟通中尽量避免“永远正确”的中性判断，如“有提升空间”“存在问题”等。没有完美的事物，任何事物都有些许问题和一定的提升空间，因此“存在问题”类的判断缺乏内涵。我们需要做出具体的定性判断，然后尽力量化定性判断的冲击和规模。比如，“过多长尾产品导致生产成本居高不下，压缩单品种类生产成本会降低 1% ～ 2%”。

标题必须是判断

标题是每页 PPT 最上面一行加粗的主题文字，用于陈述本页要展示的中心观点。读者阅读文档时目光是从上往下、从左至右、从中间到两端（如果中间有图示）的，因此目光首先聚焦的必定是标题。

标题作为 PPT 的门面，其作用不容小觑。读者阅读标题后，会做出两个截然不同的选择：如果 PPT 标题的说法、判断与自己的想法一致，读者往往会跳过本页内容转到下一页；如果观点不一致或发现了感兴趣的观点，读者会仔细阅读本页的内容。

为了帮助读者快速理解整页 PPT 的主题，麦肯锡要求标题必须是完整而易懂的句子，并且要有判断，最好是洞见级的判断。除了这个基础要求，标题同样适用之前提到的商务文字四大原则；但由于标题责任重大，要统领整页内容，麦肯锡对标题还有更细致的要求。

首先，标题在统领内容的同时一定要与 PPT 页的内容相对应。常见的错误是标题只与图表、数据和陈述中的部分内容相关；或者过度呈现，标题提到的很多判断内容并不支持。在引用外部信息时，PPT 新手总是不假思索地照搬照抄，搬运来的截图只有部分内容与标题相关，造成标题与内容严重不匹配。麦肯锡要求重新绘制所有引用的图表，因为这种对数据呈现形式的二次创作在保证图表风格统一的同时，也确保了引述内容的相关性。

小贴士 / 商务呈现是有别于商务分析的任务，其重点在于高效沟通，将商务主张无损地传播出去。在呈现时，我们要对分析时所用的数据按照突出主题和易于理解的标准再次进行加工。比如，只摘取相关数据组，做初步的数据归纳，将数据用易懂的图表呈现等；杜绝把多个用于数据分析的复杂难懂的图表（如运营数据分析图表）直接粘贴在 PPT 中，粘贴不易理解的内容是对读者的不尊重。

其次，标题的判断要鲜明和具体，不做模棱两可的陈述。商务呈现更重视直接、干脆、干货满满，过分宽泛的讨论都是不合格的。洞见是能直接推导出解决方案（action-ready）的判断，有强指引功能。比如“产品 A 通过优化运营和减少 SKU 可在 1 年内提升净利率 1% ~ 2%”就是明确的判断，在标题中就给出了量化目标。这样的标题让读者对本页核心观点一目了然，并期望在内容中看到优化运营和减少 SKU 的细节分析。

最后，标题不能过长，遣词造句需要反复推敲。标题原则上只能占 1 行。其实，中文在字数精简上有优势。在标准的 16 ∶ 9 的宽版 PPT 页标题行中，如果采用楷体 21 磅字，1 行可以写 30 个左右的汉字。相比之下，英语就很吃亏，很多英文单词要占中文 2 倍的空间，即使用缩写也是如此。“标题只能占 1 行”的要求是全球通用的，因此在麦肯锡，用英文写 PPT 标题更有挑战性。

> **小贴士** / 不能把名词短语当作标题。名词短语（如“团队建设”“财务状况”）无判断且缺少观点。这样的标题会使读者被迫仔细看整篇 PPT 内容来猜测作者的意图，这极大地增加了沟通成本，甚至会引发读者的不满情绪。

在标题上下足功夫

想清楚并不等于可以说明白。在沟通中，洞见有时会因为语言锤炼不足而给人一种隔靴搔痒的感觉。用易懂的语言承载洞见绝非易事，需要常年磨炼和锲而不舍地反复推敲，因此在标题上下足功夫十分必要。

描述是无力的，只有判断才直接。比如，同样介绍某地河流的水位较高，第一个标题是“某地某河流今年水位高达 80 米”，第二个标题是“某河现百年未遇高水位”。不难发现第二个标题更有冲击力。诀窍在于将单纯数据描述“水位高达 80 米”中的绝对数字放在历史的相对比较中，指出其“百年未遇”的罕见特性。

数字及其规律的描述都是表象，这些数字及其规律的成因才是洞见。我们一定要透过表象做出洞见级的判断。又如，邻居跑过来慌忙地说他家“在过去 1 分钟内室温上升 50℃”，你一定满头雾水；如果他大喊“我家着火了”，你立刻就明白了，然后要么帮他一起救火，要么一边避险一边报火警。这看似荒诞，但类似“1 分钟内室温上升 50℃”的描述在商务沟通中比比皆是。

再举个简单的例子。针对产品A的库存数据[①]（见表6–2），经理X做出下面的陈述。

- 主营产品 A 的工厂库存为 0，经销商库存和货架库存也几乎清零。
- 这个公司库存管理很有问题！
- 管理层应该指示工厂和经销商多备货！

表 6-2　库存状况报表

单位：万件

产品	工厂库存	经销商库存	货架库存	当期生产总量
主营产品A	0	3	20	2000

① 为虚拟数据。

其实，经理 X 已经敏锐地找到了极端数据，只是后面分析乏力，没有推导出更深层次的洞见。经理 X 试图完成“洞见提炼 5 步法”的第 1 步和第 2 步：寻找数字中的规律和趋势，寻找极端的数字及其含义，但是“主营产品 A 的工厂库存为 0，经销商库存和货架库存也几乎清零”这个发现仍然停留在表象的数据描述，没有深入挖掘其含义。然后，经理 X 将表象的成因简单归结成“这个公司库存管理很有问题”。“有问题”在精准度上含糊不清，离洞见相距甚远。

在分析和提取没有到位的情况下，经理 X 习惯性地开启了专家的建议模式：“备货！”不自觉地完成了“描述数据—粗线条分析—斩钉截铁建议”的快速思考三阶段[①]。其整体逻辑就是“库存为 0”，所以“库存管理有问题”，建议“增加库存”。

这种逻辑听上去似乎不错，在平时工作中我们也常用类似的方法做判断。可只要努力思考、仔细推敲一下，我们就会发现经理 X 的判断漏洞百出，而且最后的结论可能大错特错！作为一个每期生产 2000 万件的主流产品，工厂库存、经销商库存和货架上的零售库存都是 0 或接近 0，如果不是停产清货的极端情况，行家称这种情况为“断货”。单一库存管理问题通常表现为库存分布不均，可现在三类库存同时几乎为零，说明断货问题已经十分严重，远超库存管理的范畴。

全面断货不只是库存管理有问题那么简单，往源头再进一步，是什么导致如此严重的断货？在供需关系中，这无非因为供给端生产者的产能安排与需求端消费者需求之间出现错位，因此我们要分别了解供需两侧的状况。

在供给端，我们需要更多的数据，如上阶段的产能。对比上阶段产能的分配情况，我们会发现：主营产品 A 上阶段产能是 4000 万件，而本阶段降至

① 卡尼曼．思考，快与慢［M］．李晓姣，李爱民，何梦莹，译．北京：中信出版社，2012.

2000万件。为什么产能的变化如此之大？进一步调研发现，另外一半产能用于新品B的生产，而新品B由于销售量并未达到预期，在当期出现大量库存积压。

接着往下挖。生产方难道不知道50%的产能会造成断货吗？这个决策不符合常规。产品A这样激进减产，除了新品B的需求，会不会有其他原因？比如，产品A的历史库存是否过大？如果过大，那么厂家是否想清库存？如果库存一直没有问题，有没有可能是为了品牌长期获利而人为地造成短期供不应求？也就是所谓的“饥饿营销”。这些都是可能性，需要被验证。

看完供给端，再来看看需求端。需求端有没有突发事件？政策变化、自然环境变化、特殊事件、大订单交付、竞品干扰等都可能造成需求的突然变化。如果需求端因突发事件造成需求突然增长，在一定程度上也可以解释供求不均的表象。比如，区域内出现罕见高温，导致消费者对本产品的需求量突然大幅度提升。这些可能性也需要被验证。

问正确的问题，收集更多的信息会帮助我们加深对问题的分析。完成了5步洞见提炼后，经理X做出了以下新判断。

> 主营产品A本阶段出现全面断货的危机！断货导致的利润损失高达×××万元。
>
> 断货主要因为产品A让路新品B导致产能分配减少20%，外加突发高温天气导致市场需求增加30%。
>
> 建议根据需求测算将产品A产能回调至×××，重新评估并降低新品B的产能分配。面对需求增加，建议探索扩充产能等其他可能性方法，如短期生产外包和建设长期新生产线。

对比 2 个不同版本，我们会发现第 1 个版本中增加“备货”的建议十分武断，而第 2 个版本的分析（如供给和需求等）较为全面，逻辑清晰，数字翔实，建议也更具体、可落地。

我们在进行商务沟通时，要避免隔靴搔痒的表象描述，要用洞见抓住听众的注意力。“库存为 0”和“断货”貌似在说同样的事，毕竟“断货”的库存也是 0，但它们的属性完全不同：一个是描述表象，另一个是带有判断的洞见。“库存为 0”可能有很多原因，描述本身并不带有优劣评判。比如，在不影响供需的情况下追求库存最少化可以是优点，如柔性供应链中的库存管理。而“断货”是对业务运营负面结果的评判。供小于求造成的“断货”为公司带来损失，也督促管理者深究供求失衡背后的根本原因。

综上，麦肯锡对 PPT 标题、色系和文字等细节都有较细致的要求。麦肯锡强调“文如其人”，认为商务文档代表作者和团队的做事风格、态度甚至能力。风格没有对错，也没有最佳和唯一，但麦肯锡在商务沟通的细节管理中所体现的对极致的追求和专业风格，值得我们认真学习和借鉴。

第7章

学会用图表说话

图表是商务文档中的一种视觉呈现。所谓“一图胜千言”，是指图表在表现效果上远超枯燥的文字。图表种类繁多，不仅包括 Excel 自带工具包中的线图、饼图、柱状图等基础图表，还包括各种自定义的创造性图表。

在商务呈现中，图表的主要功能是支撑作者的观点，而不是记录推导过程。尤其在高阶商务沟通中，听众更加关心文档的结论，只有在观点有争议的时候，才会仔细审视结论的推导方法和支撑数据。因此，呈现的图表侧重于让观点不言而喻、令人信服；而关于如何推导分析图表总是作为辅助材料被放在附录中。

按照内容属性，图表可以被分成定量和定性两种。由于设计原则和用法迥异，这里将定量和定性区分进行讨论。

5 种常用的定量图表

定量图表（quantitative charts）是以数据为基础，表现数字之间关系的图表类型。微软办公软件 Excel 工具包中的图表基本都是定量图表。随着 Excel 功能的日益强大，在 2019 版 Excel 中已经有包括雷达图、瀑布图在内的多种基础类别和近百种具体图表选项。Excel 定量图表种类如此繁多，《中文版

Excel 2019 宝典》[①] 这类较厚的工具书，也未必能穷尽定量图表的全部变种。

Excel 中有大量统计分析类图表。之前提到，商务呈现中展示图表的主要目的不是重现分析过程。因此，我们大可不必将“成为 Excel 高手”当作制作优秀商务图表的先决条件。只要对基础的定量图表及其组合有所了解，便可以满足商务沟通和呈现的大部分需要。

最终呈现的数据图表需要为高效沟通而重新制作。常见的误区是粗暴复用已有数据分析的图表：在商务汇报时，我们经常看到 PPT 中原封不动搬来的繁复且庞大的 Excel 数据表格。虽然类似表格在洞见生成的分析阶段能帮助我们寻找数字规律，探究数据表象背后的洞见；但到了沟通阶段，在 PPT 中展示图表的目的不再是探究数字规律，而是提升沟通效率。这就要求图表作者从听众的角度出发，思考自己的主要观点是什么，首先决定要突出的数据关系是什么，然后根据数据关系选择图表类型。因此，我们需要对图表再创作。

制作定量图表的第一步是了解应用场景。在图表专著《用图表说话：麦肯锡商务沟通完全工具箱》[②] 中，作者基恩 · 泽拉兹尼（Gene Zelazny）把定量图表按照应用场景分成五类：表示成分关系、表示项目关系、表示时间序列关系、表示频率分布关系和表示相关性关系，每种应用场景都有基础的图表类型与之对应（见图 7–1）。比如，表示成分就用简单的饼图；表示时间序列可以用相对灵活的线图或柱状图。

① 亚历山大，库斯莱卡，沃肯巴契 . 中文版 Excel 2019 宝典［M］.10 版 . 赵利通，梁原，译 . 北京：清华大学出版社，2019.

② 泽拉兹尼 . 用图表说话：麦肯锡商务沟通完全工具箱［M］. 马晓路，马洪德，译 . 北京：清华大学出版社，2008.

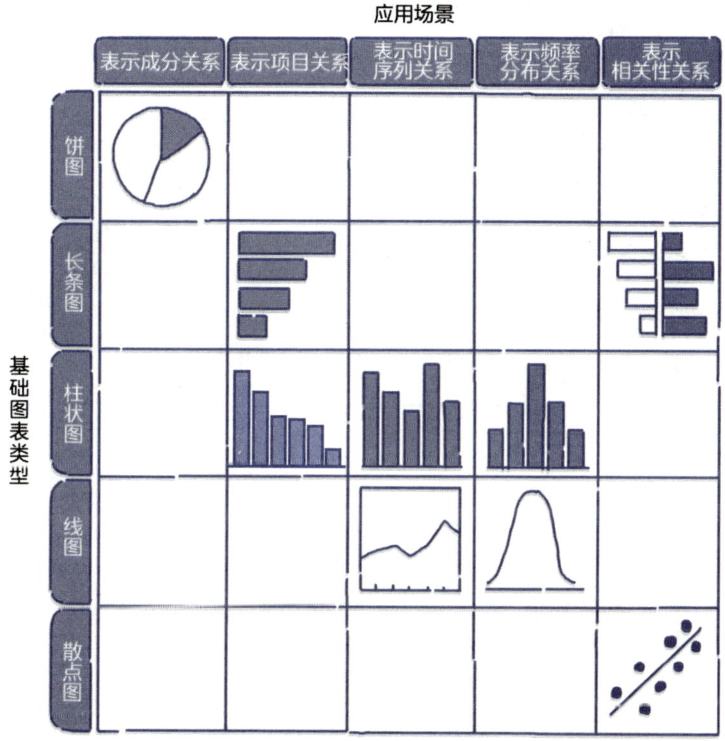

图 7-1　应用场景与基础图表类型

场景 1　表示成分关系

成分（component）关系用来表示整体中各组成部件之间的相对位置。成分关系的典型代表是饼图（见图 7–2a）。饼图虽然是简单的单维度图表，但用于展示部分在整体中的占比时直接而高效。除了饼图，图 7–2b 中的瀑布图也是诠释成分关系的图表。瀑布图稍后会详细介绍。

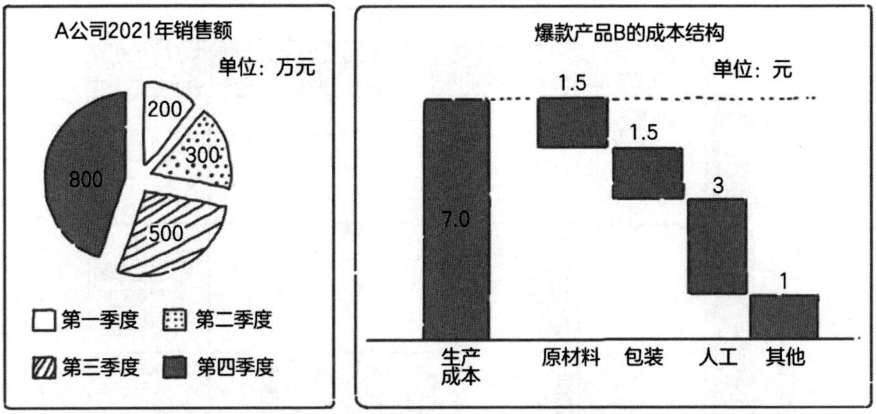

a）饼图　　b）瀑布图

图 7-2　表示成分关系的图表示意

场景 2　表示项目关系

项目（item）关系用来体现独立数据之间的比较关系，其图表代表是长条图和柱状图（见图 7–3）。项目关系与成分关系的核心区别是，成分关系中个体合起来是一个整体，强调个体在整体范围内的相对位置；项目关系中个体不受整体限制，突出每个个体之间的比较关系。比如，柱状图将多组数据并排放置，用不同高度的柱形直观展示数值对比。多组长条图或柱状图叠加可以表示更复杂的比较关系，比如稍后会详细介绍的蝶形图就是类似叠加的应用。

小贴士 / 在绘制个体关系图表时，除非个体有强顺序（如地域或时间等约定俗成的排序），否则一定要按升序或降序排列数据组。排好序的柱状图自然将最大、最小或近零的极端数据清楚展示，有利于高效沟通。

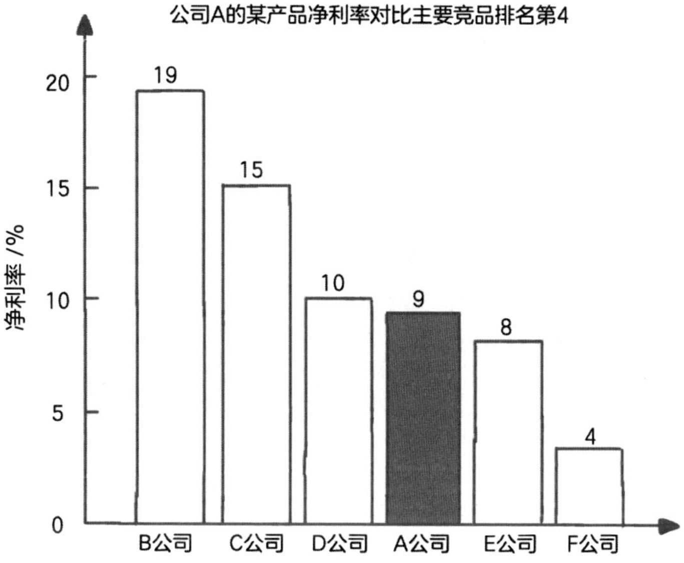

图 7-3 表示项目关系的图表示意

场景 3 表示时间序列关系

数值在时间序列上的变化用时间关系来表达（见图 7–4）。典型的时间关系图谱有柱状图和线图，以及柱状图和线图的组合。时间刻度往往作为图表的 x 轴，y 轴表示主要维度的数值及其变化，如图 7–4 柱状图的 y 轴表示绝对数值，也可叠加折线表示百分比的变化。从严格意义上说，时间序列关系是项目关系的一种特殊形式，时间关系强调时间的顺延性以及在时间推进中某些数值的演变。

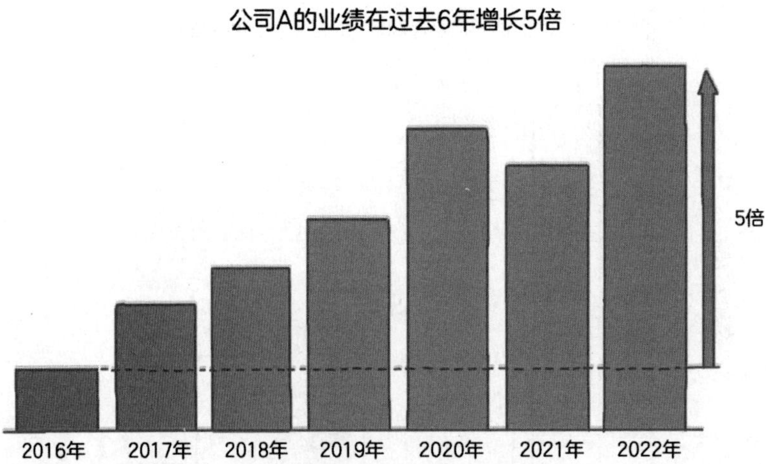

图 7–4　表示时间序列关系的图表示意

小贴士 / 在展示时间序列关系图表时，我们要留意与观点不一致甚至相反的时间点，并提前准备应对可能的挑战。如图 7–4 所示，其核心观点是“从 2016 年到 2022 年公司 A 的业绩增长 5 倍”。但细心的读者会注意到 2021 年的下滑，也必将质疑整体判断。作为优化，我们可以在 2021 年的柱状图上标示“疫情”，然后将题目改成“疫情冲击下公司 A 的业绩近 6 年依然增长 5 倍”。

场景 4　表示频率分布关系

除了线性的时间序列关系，频率分布也可以作为图表的顺序。频率分布关系往往用无间距的特殊柱状图展示，最典型的柱状图是直方图（见图 7–5）。

它是根据数据的具体分布情况画成的，由以组距边界值为底边、以频数为高度的一系列矩形连接起来的阶梯状图形。在连续排列、组距相等的刻度上，用无间距的柱形图表示各柱状体之间的关系并非割裂对立而是相邻相关。与时间序列关系相似，频率分布关系也是广义项目关系中的一种，其特色是 x 轴往往是连续的、有意义的组距，并以此将更多的信息附加在图表中。

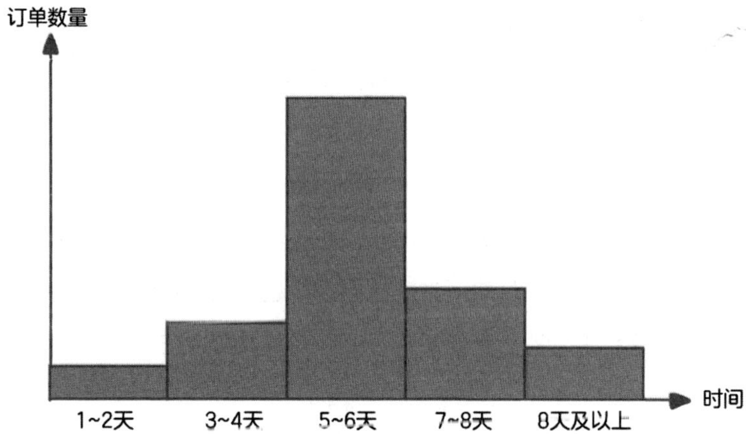

图 7-5　表示频率分布关系的图表示意

小贴士 / 在表现数据的分布情况时，直方图是常用的统计图表，尤其在显示中位数的大致位置、数据缺口或异常值时特别高效。在商务呈现中，直方图往往能直观且直接地指出极端数据的所在，引出核心问题或重大发现。

场景 5　表示相关性关系

在零散的数据中发现相关性是洞见级的发现，这种相关性在商务汇报中至关重要，因此经常用图表来展现。展现相关性关系时，通常会用散点图外加线图这样的复合图。散点是被分析的原始数据，折线则标出原数据之间的相关性关系。

最常见的相关性分析是统计学上的线性回归（linear regression）分析（见图 7–6）。线性回归是利用名为“线性回归方程”的最小平方函数对一个或多个自变量和因变量之间的关系进行建模的一种回归分析方式。不要被晦涩的描述吓倒，其实绘制相关性图表并不困难，目前包括 Excel 在内的各种数学统计软件都能帮助我们画出趋势线。而且，商务场景中的相关性关系绘图的关键在于对趋势方向的判断。虽然不鼓励，但手绘趋势线的做法也很常见；只要趋势线的偏差不是特别离谱，就会被相对宽容的听众接受。

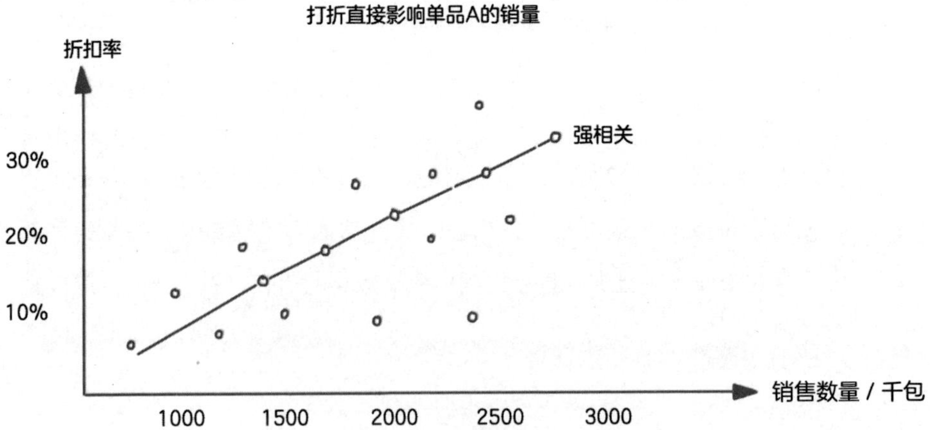

图 7–6　表示相关性关系的图表示意

小贴士 / 进行相关性分析时，初学者往往希望一步到位，找到统一趋势；在缺乏明显趋势时，就会轻易放弃。当我们无法画出单一的趋势线时，可以试着将数据分成不同阶段，或精进 x 轴、y 轴的维度（或维度组合），有时会有惊喜。

场景组合

我们需要沟通的内容经常是复杂的，需要多重数据关系的支撑。识别或分解观点中的多重数据关系，巧妙选取并组合基础图表，就成了提高图表制作技能的关键。

拆分是常用的设计手段。使用拆分方法时，建议先将核心的观点列出，然后将观点拆解成几个不同的短语，评估一下每个短语各自形成图表的可能性。然后，以主要观点的短语为中心，尝试组合场景，反复调配，就会生成有料、直观且专业的商务图表。

如图 7–7 所示，本图的核心观点是“公司销量最大的单品 A 过去 3 个月销量增速明显”。这句话有 2 组不同的数据关系，即成分关系（单品 A 份额最大）和时间序列关系（过去 3 个月增速明显）。拆分后，我们可以用成分关系的饼图和时间序列关系的柱状图各自描述，然后用虚线连接相关部分。

成分关系用了基础的饼图，用深色突出产品 A 60% 的销售份额，然后用柱状图表示时间序列关系中产品 A 的销量的增速达 20%，远高于其他品类。用虚线将两个部分连接，巧妙地利用组合支持核心观点。

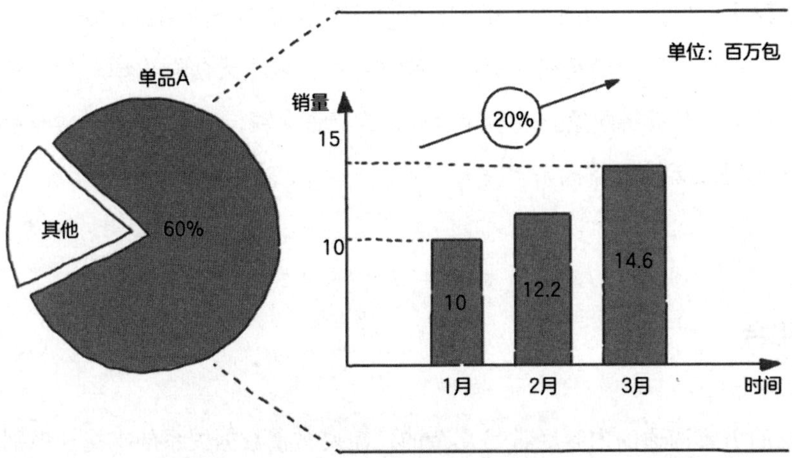

图 7-7　成分关系 + 时间序列关系示例

同样是“公司销量最大的单品 A 过去 3 个月销量增速明显”这句话，如果我们要在视觉上突出产品 A 过去 3 个月的销量增速，就可以适当调整关系组合的呈现顺序：把时间序列关系中的增速作为显眼的主干，而将各时期的销售份额作为细节呈现（见图 7–8）。

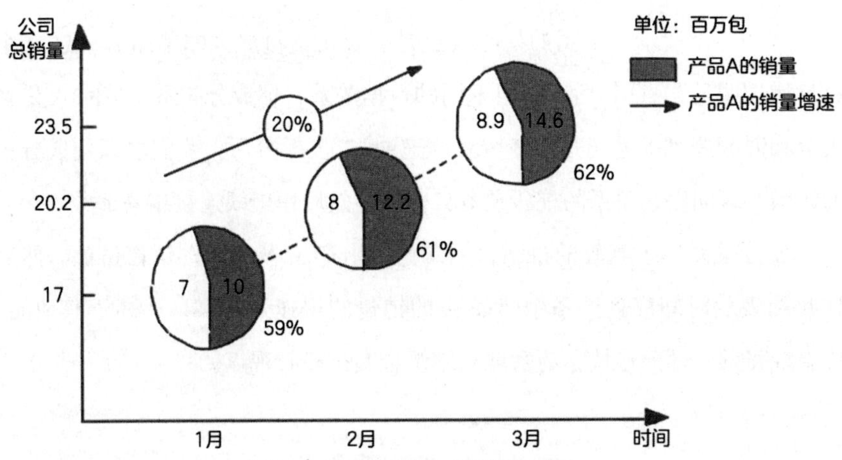

图 7-8　时间序列关系 + 成分关系示例

除了拆分，叠加也是生成高品质组合图表的技巧。数据关系的叠加没有太多限制，并不限于不同数据关系之间，在同品类的数据关系中通过创造性的叠加也可以生成出色的图表。如图 7–9 所示，这里用两个频率分布关系将本公司人员构成和竞品公司的人员构成进行了对比。本公司的频率分布关系突出了 45 ～ 49 岁人群，而竞品公司的频率分布关系突出了 31 ～ 34 岁人群，核心观点“本公司的人才年龄分布对比竞品公司集中在较高的区间”不言而喻。

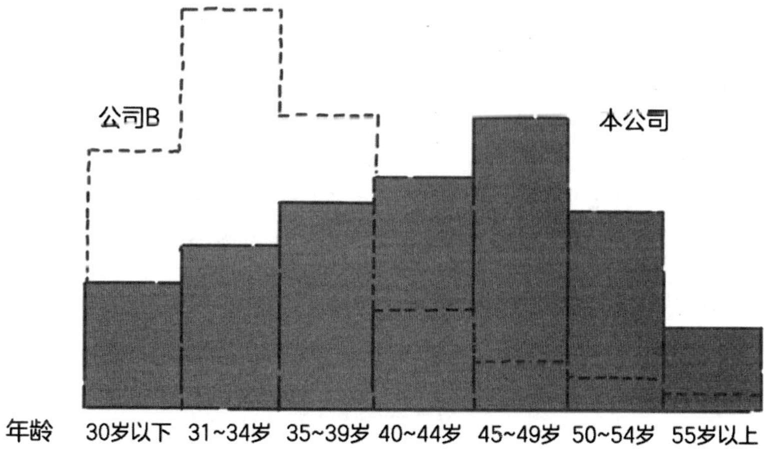

图 7–9　频率分布关系 + 频率分布关系示例

如何体系化地生成高质量图表，本章后半部分会介绍更详尽的 5 步法。

3 种常用的“加分”图表

除了上述基础的饼图、线图、柱状图等定量图表类型，战略咨询公司还会使用相对复杂的定量图表，运用得当会大幅度提升文档的整体质感。这里详细介绍 3 种常用的高阶定量图表：瀑布图、蝶形图和区间分布图。

瀑布图

瀑布图是成分关系的一种特殊表现形态。前文提到的成分关系描述的是整体中各组成部分之间的相对比较，因此基础图形饼图是比较稳妥的选择。但成分关系有时会变得复杂，尤其在做成本、现金流或某些目标拆解时，某些对组成起反作用的因素，也需要用图表来记录。面对类似挑战，饼图就束手无策了。

以成本分析为例，如果总生产成本是整体数额（总额为 18 元），各个成本要素静态构成总额，那么饼图完全可以完成这个任务。然而，公司本季度启动了自动化项目，自动化一线生产导致成本降低，而这种成本降低是主讲人要讲的重点。

在突出“自动化项目成本降低”的呈现需求下，我们可以选取瀑布图体现成分关系来突出变化。如图 7–10 所示，左起的 5 个深浅不同的蓝色矩形组件表示原来的成本构成，总量为 19 元；而带斜线的矩形组件表示自动化项目带来的成本降低，这 6 个矩形组件的总和是整体成本 18 元。

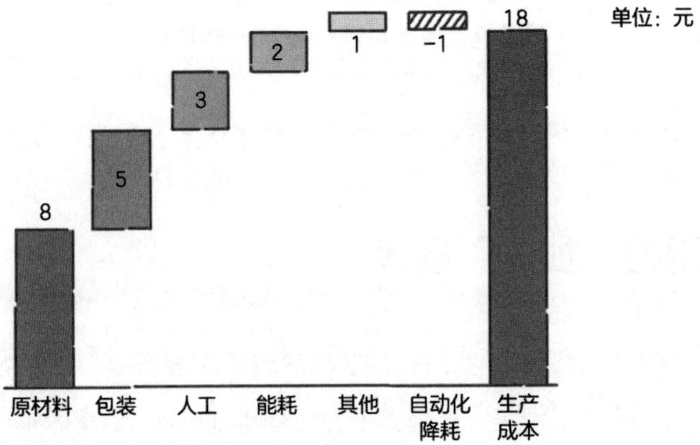

图 7–10　瀑布图

可以看出，这种瀑布状的设计在饼图成分关系之上，赋予作者更多抓住变量增减的方法。而且，我们还可以在上图设计初稿的基础上附加其他信息，使数据密度更大，如可增加箭头表示成本降低并标出百分比变化等，让图表显得更专业。

瀑布图还可以展现变化。进行战略规划时，我们经常要绘制现状和未来目标（如销售额）的关系图，瀑布图也可以用来展示达成未来目标所需要的工作模块及其贡献。比如图 7–10 最左端的蓝矩形（8）可以是“现在销售额”，为体现差异可以将其改成其他颜色，如浅蓝；最右端的蓝矩形（18）可以表示“5 年后的销售目标”；中间各矩形组件可以用来表示不同的项目带来的冲击，如“主营业务自身发展”“外部收购”“品类拓展赛道”等。反方向的矩形组件可以表示预计的减分项目，比如“畅销品 X 专利过期”或“融资费用”等对收入的冲击。在这种设计下，瀑布图清晰地勾画出未来发展中各项目及风险的此消彼长，将全面地呈现从现状到目标的未来发展的动态变化及细节。

蝶形图

蝶形图，也叫龙卷风图（tornado charts），是两组长条图背对背放置而形成的组合。这个酷炫的名字来源于其外形，两组横置的条形组件像翅膀，中间对品类的描述则像蝴蝶的身体。蝶形图主要用来表示两组数据的相关性关系，也可以用来对比两组数据的项目关系和时间序列关系。虽然蝶形图并不是独立的图表品类（图表组合），但其外形特色和数据呈现能力带来了新颖的视觉冲击，如果应用得当，一定可以提升文档的呈现效果。

蝶形图的数据点密集，趋势对比能力超强。两个长条图可以呈现两组数据，长条图本来就能呈现趋势，而两组长条图并列增加了趋势之间的对比。因此，蝶形图适合数据组之间的对比，比如公司产品与竞品的对比，自身销售额与行业销售额的对比，甚至人口变化或其他趋势之间的对比。

比如，图 7–11 的两翼分别列出了两种不同的产品在相同周期内的销售量变化趋势，由此可以看出，随着时间的推移，产品 A 逐渐成为主流，并且能保持增长趋势；产品 B 则出现增长乏力趋势。这个图表清晰地展示了“产品 A 的销量增长迅猛，已逐渐取代昔日王牌产品 B”这个观点，蝶形图通过对比形象地展现了二者各自的演进过程及细节。

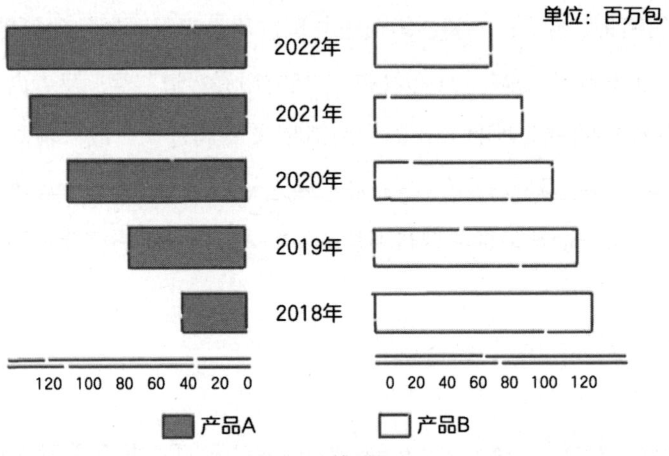

图 7–11　蝶形图

除了比较两个主体的单一指标在相同周期内的相对变化，蝶形图还可以用来展示多个指标的相关性及其强弱。两翼的长条图描述不同的指标要素，长条图的整体走势展现其相关性。

如图 7–12a 所示，蝶形图的左边是产品单价，而右边是与单品对应的销售数量。9 款不同单品是按照价格降序排列的，而右边对应的销售数量却显示完全相反的趋势。这个图表可以说明“公司单品定价与销售数量有反向关联：价格越低，销售数量越多”。但要注意单品 3，其价格不菲，但销量超出了其他几款更便宜的单品，可能的原因有单品 3 近期得到了更多的广告投入等。

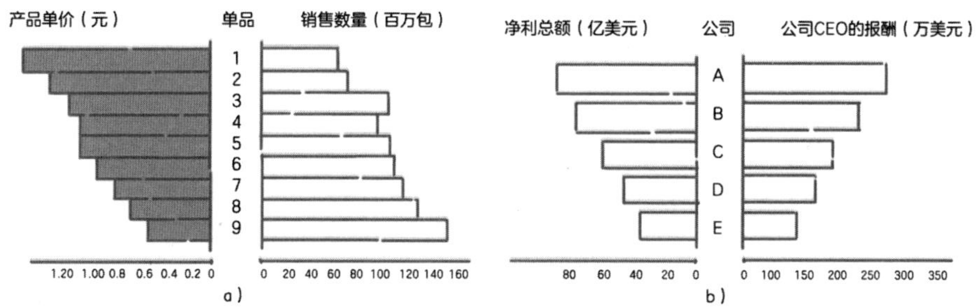

图 7–12　蝶形图展示相关性及其强弱

而图 7–12b 展示的是两个要素之间的正向关联，左边是上市公司的净利总额，按照盈利的高低降序排列，而右边是公司 CEO 的报酬，其趋势与左边的盈利情况基本一致。这个蝶形图支持了观点“公司 CEO 的报酬随着公司整体盈利的提升而升高”。

“蝴蝶的翅膀”也可以重叠。把蝶形图两端的长条图变为柱状图水平放在一侧，同样可以起到对比两组数据规律的效果，但要注意它们在作用上并不完全一致。如图 7–13 所示，重叠的柱状图组合是公司产能和竞品 B 公司产能的比较，其重点是比较两组数据的差异细节，而非整体趋势的一致与否。展开的蝶形图将读者的注意力集中在对趋势的判断上，还解决了不同要素 KPI 度量不一致的问题：一面可以是金额，另一面完全可以是数量。而在重叠的柱状图组合中要求两组数据 KPI 的计数单位一致。

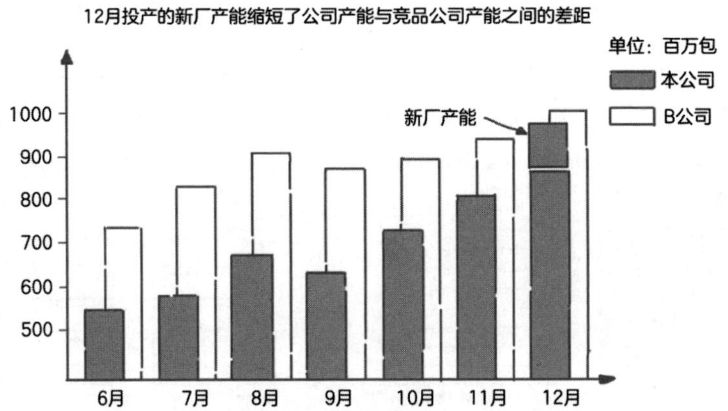

图 7-13　重叠的柱状图组合

区间分布图

区间分布图主要用来描述数据的分布区间，还能揭示数据间的离散程度、异常值和分布差异。箱形图是较为专业的区间分布图，经常被用于股票行情或专业科研报告。箱形图的专业门槛较高，需要具备一定的入门知识才能读懂它。箱形图主要包含 6 个数据节点，将一组数据从大到小排列，分别计算出它们的上边缘、上四分位数、中位数、下四分位数、下边缘和一个异常值（见图 7–14）。箱子的高度在一定程度上反映了数据的波动程度。上下边缘分别代表了该组数据的最大值和最小值。有时箱子外部会有一些点，这就是数据中的异常值。

箱形图增加了不必要的学习成本，也降低了沟通效率，不适用于普通听众。我们可以用相对直观的柱状图和散点图组合而成的复合型图表替代箱形图，这样可以不失原意地表示数据分布的情况。由于这种图表（见图 7–15）的外形有点像笛子，我们可以称这个容易理解的区间图为“笛子图”。

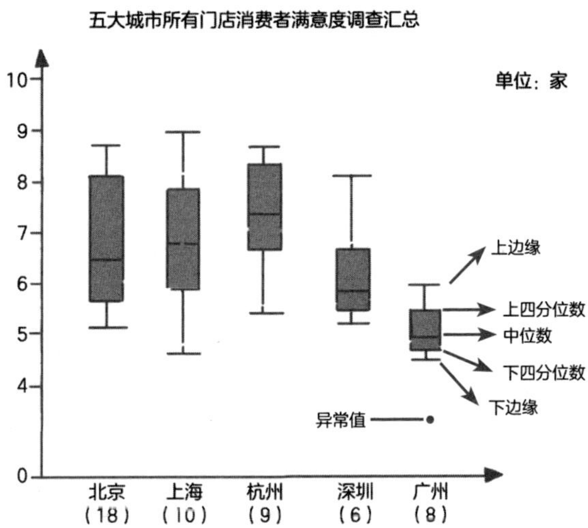

图 7-14　箱形图

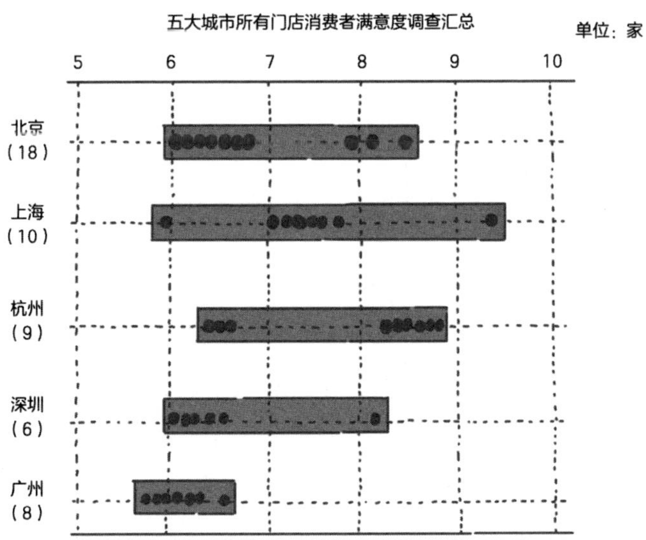

图 7-15　区间分布“笛子图”

“笛子图”是原始数据级的全面呈现。图 7-15 是代表城市各门店的用户满意度调查成绩的“笛子图”。把所有门店按照城市组合在一起，按照得分画出其对应的点，然后以最高点和最低点为顶点，画出矩形组件的外沿并将所有点框在一起。

我们借鉴箱形图，可以通过增加信息点让这个笛子图更形象地呈现内容。比如，所有城市门店满意度的平均值是一个有价值的参照数据点，可以在横轴标出其位置，然后用竖线纵穿整个图表。在每个城市的柱状组件上标出中位数、满意度点的分布，这样图表就更容易被解读。

区间分布图的信息量巨大，整体中最醒目的是城市级数据所在的区间（柱状图在横轴的相对位置）和聚集程度（柱状图的长短），其次是数据点的多少（点的数量）和疏密分布（点是否聚集）。数据也支持个体解读，如城市，广州明显是“问题”城市，评分差的门店多。还有，上海和杭州都是容易改进的城市，大多数门店成绩优良，只有个别门店拉低了整体水平。聚焦这些非典型门店就能明显提升本来就不错的整体满意度。

5 步创作高质量图表

定量图表是商务文档的重要组成部分，定量图表的选择、构图和绘制在很大程度上决定了文档内容的水平。作为初学者，你先不要过多学习如前文所述的区间分布图等高阶而复杂的图表类型，而应该聚焦基础图表的应用，通过反复推敲与琢磨，精进定量图表选择与制作的技能。

定量图表的创作和精进有一定规则，初学者可以从基础做起，厚积薄发。我们用具体的制图案例来介绍创作和精进定量图表的 5 步法。先看一下案例的数据。

案例 在商务汇报的准备工作中，我们收集到下面一组原始数据：公司 M 主营产品 2021 年的销售额数据和净利润数据，如表 7–1 所示。在 PPT 中我们想表达“公司销量最大的单品常温奶 A 在过去 4 个季度销售额增速明显，为公司持续带来丰厚利润”。

表 7-1 公司 M 的原始数据

公司M主营产品2021年销售额数据				
				单位：亿元
单品	Q1	Q2	Q3	Q4
常温奶A	4	6	7.6	10
常温奶B	2	3	3.5	4
酸奶C	1	1.2	1.1	1
低温奶D	0.7	0.8	1.1	1.4

公司M主营产品2021年净利润数据				
				单位：亿元
单品	Q1	Q2	Q3	Q4
常温奶A	0.4	0.72	0.988	1.4
常温奶B	0.2	0.27	0.315	0.36
酸奶C	0.08	0.108	0.088	0.07
低温奶D	0.105	0.112	0.143	0.168

初学者看到销售额和净利这两张图表，首先会想到成分关系：每一年的各个季度或每个季度的各个单品都是组成整体数额的单位。如果要突出常温奶 A 在整体中的占比，销售额数据和净利润数据可各绘制 4 个饼图。如图 7–16 所示，每个饼图代表每一个季度单品常温奶 A 的销售额占比。

这样做的效果并不令人满意。我们能看出常温奶 A 在 4 个季度都占很大的份额，但看不清楚各季度的变化，而且销售额已经有 4 个饼图，再加上净利的 4 个饼图，整体呈现就显得过于杂乱。如何才能绘制既美观又能精准表达中心信息的图表呢？

首先，我们分析要表达的主张。在上节场景组合中讲过，拆分的图表设计手段，就是先将核心观点列出，再将观点拆解成几个不同的短语，评估一下每个短语各自形成图表的可能性；其次，我们以主要观点的短语为中心，尝试场景组合，反复适配就会生成有料、直观且专业的商务图表。“公司销量最大的单品常温奶 A 在过去 4 个季度销售额增速明显，为公司带来持续性丰厚利润”这个观点，可以被拆分成 3 个短句：

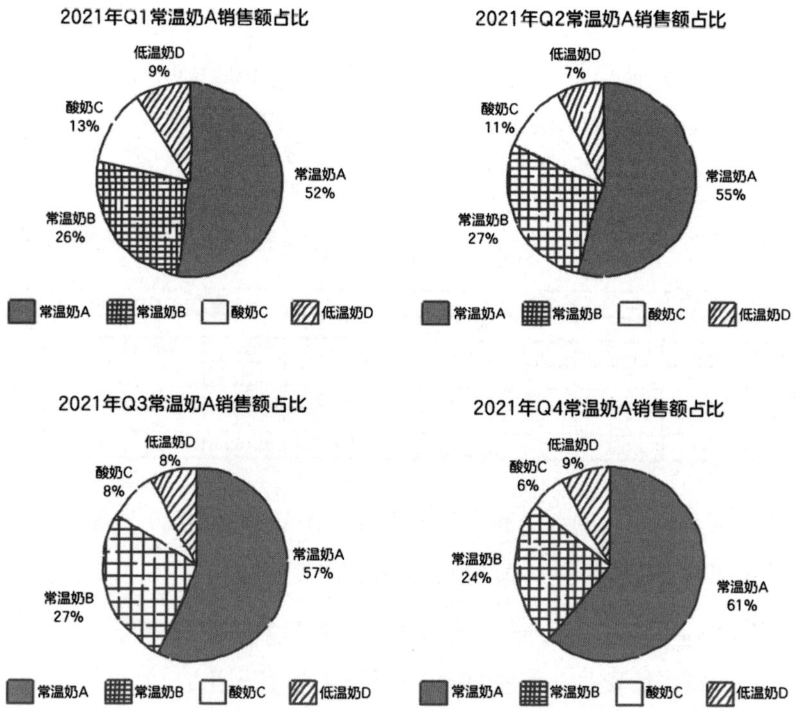

图 7-16 常温奶 A 的各季度销售额占比

> “常温奶 A 在公司所有产品中销量最大”；
> “常温奶 A 在过去 4 个季度销售额增速明显”；
> “常温奶 A 为公司带来了持续性丰厚利润”。

在此基础上，我们运用 5 步法精进图表设计。

步骤 1 用场景决定图表类型

如本章开篇所言，商务呈现的图表不同于数字分析及挖掘中的图表，切忌照搬分析图表，而要根据沟通信息或主张重新绘制。沟通的信息虽然复杂，但拆解后依然可以用 5 类基础应用场景及其组合来应对。在我们正确定义应用场景后，可选的基础图表类型就屈指可数了。这时，我们完全可以从视觉审美等角度进一步选择和适当优化。

我们已经将中心主张拆成 3 个短句，下面探究一下每个短句所属的应用场景。

对应五大应用场景，“销量最大”是表示成分的场景，首选饼图或叠加柱状图；而“4 个季度”是时间序列，用柱状图或线图比较稳妥。我们先将销售额图表画出来，净利的图表也就迎刃而解了（见图 7–17）。

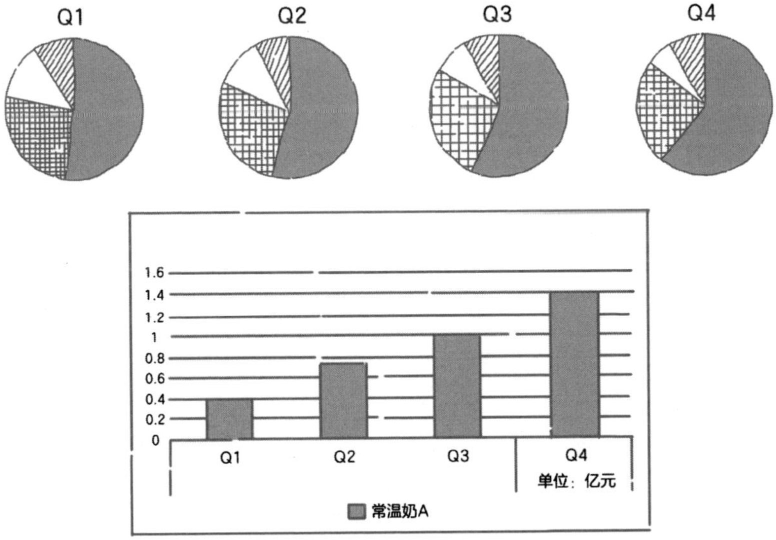

图 7–17　饼图 + 时间序列柱状图

根据主要观点拆分应用场景，然后选择正确的图表类型，是至关重要的第一步。它能确保定量图表的主干是适当的，为之后的细节调整奠定良好的基础。

虽然要表达的中心是既定的，但创作图表时我们仍然要从听众容易接受的角度再次审视中心主张。如果要表达的内容过多或过于复杂，很难用一张 PPT 或一个图表来呈现，就可以尝试把中心信息拆解开，用多页呈现。如果中心信息过于单薄，整个图表内容过于简单，就要思考会不会有更多的信息（信息宽度）或更细的颗粒度（信息深度），甚至试着重新提炼中心信息，进行洞见的深度提取。

案例的中心主张“公司销量最大的单品常温奶 A 在过去 4 个季度销售额增速明显，为公司带来持续性丰厚利润”的内容复杂度适中，用一张 PPT 足以呈现其三部分内容。根据场景选择了饼图加柱状图（见图 7–17）之后，我们要继续探究数据之间的联系，将图表连接起来，使其成为紧密的整体。

步骤 2　整理并选取图表数据

第 1 步场景适配明确了饼图加时间序列柱状图的第 1 版定量图表，然而我们需要呈现的内容的备选数据繁多：除了上述数据，还有各种财务及运营数据（如毛利率、现金流、库存等）可以调用。但图表能承载的数据有限，我们如何为图表选取合适的数据呢？

答案依然是参考要表达的中心主张，中心主张决定数据选取及图表呈现形式。我们要审视中心信息并圈出关键词，拆解出的 3 个短句中有 3 个描述常温奶 A 的核心数据的短语：“销量最大”（销售额占比大）、“销售额增速明显”（销售额季度变化），以及“持续性丰厚利润”（净利高且持续增长）。

“销量最大”（销售额占比大）：用饼图来表示最近季度或全年常温奶 A 在销售额中的占比（见图 7–18）。

“销售额增速明显”（销售额季度变化）：时间序列柱状图之上加

线图表示销售额与增速。

“持续性丰厚利润”（净利高且持续增长）：时间序列柱状图之上加线图来显示净利的大小（见图 7–19）。

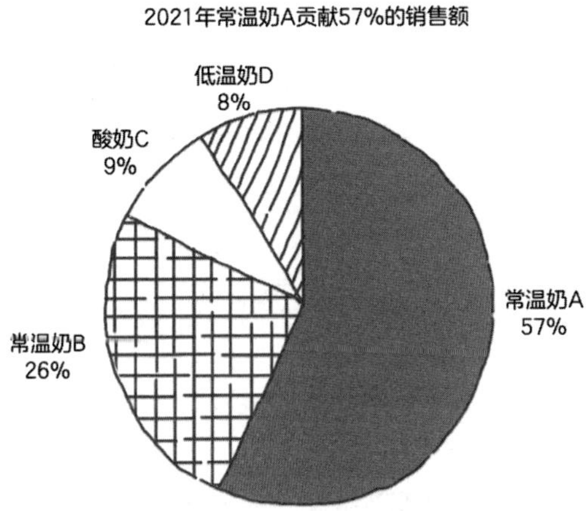

图 7–18　销量最大：常温奶 A 在全年总销售额中的占比

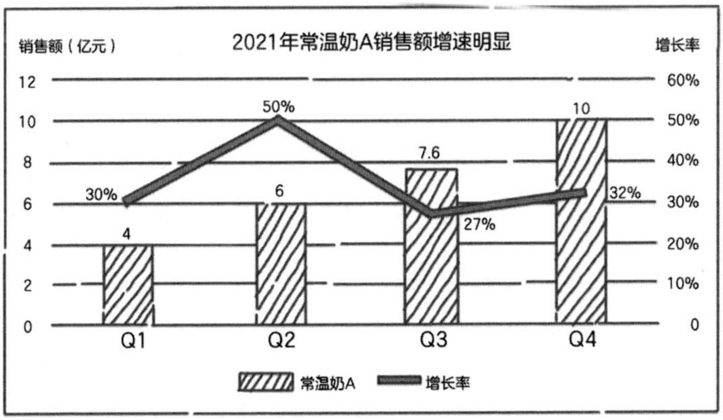

图 7–19　销售额增速明显：销售额和增速组合

在选取数据层面，我们不需要更多的数据。案例充分提供了销售额、净利和二者的季度变化数据。在销售额的时间序列柱状图的基础上，"销售额增速明显"（销售额季度变化）要求我们标出增长率，折线图（见图 7–19）可以实现。而"持续性丰厚利润"（净利高且持续增长）要求我们添加净利的相关展示（见图 7–20），我们稍后完善。

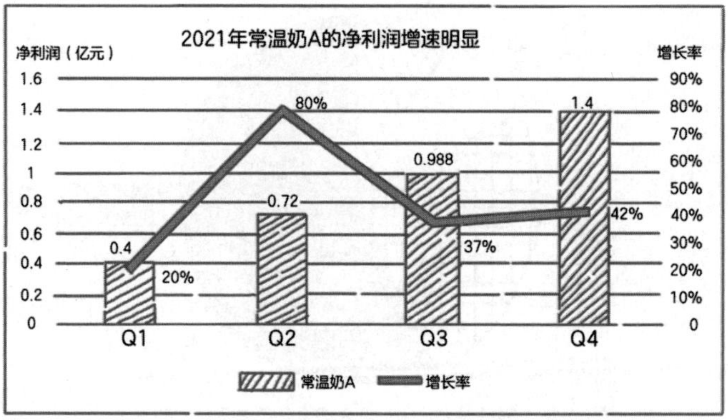

图 7–20　丰厚利润：净利和增速组合

步骤 3　适当增减数据信息

第 3 步，我们要推敲已有图表的数据细节，尝试增减数据信息，看能否使图表的表达更加高效。第 2 版的定量图表由两个部分组成：饼图和柱状图 + 线图。

我们先看看第一个组成部分的饼图。饼图用来表示"常温奶 A 在公司所有产品中销量最大"，这里用了 4 个季度的各单品销售占比。从数据角度看，与 4 个季度相对应的，还有全年销售额占比。如果只显示某个季度的数据，可能会有数据挑选偏误的风险；但同时显示 4 个季度的数据则过于细致。相比之下，使用各单品全年总销售额占比的饼图可以更高效地阐述"常温奶 A 在公司所有产品中销量最大"这个观点。同理，我们还可以画出一张与其结构相同的各单品全年净利占比的饼图。

再来看第二个组成部分的柱状图 + 线图。柱状图有以下两个表达任务。

> 1. “销售额增速明显”：时间序列柱状图之上加线图表示销售额与增速。
>
> 2. “丰厚利润”（净利高）：时间序列柱状图之上加线图显示净利的大小和增速。

事实上，销售额的高增速并没有被完全体现出来：对比其他产品的增速，常温奶 A 的销售额增速（150%）其实远超公司其他单品销售额总和的增速（73%），是真正的增长引擎。柱状图易于呈现个体之间的区别，但在显示趋势变化的百分比时略显吃力。我们可以试着用叠加的柱状图来显示每个季度的常温奶 A 和其他单品的销售额数值，然后将百分比用折线进行表达。

关于净利，与销售额数据同理，可以用与销售额数据图表结构相同的叠加柱状图和线图来表示数值与趋势（见图 7–21）。

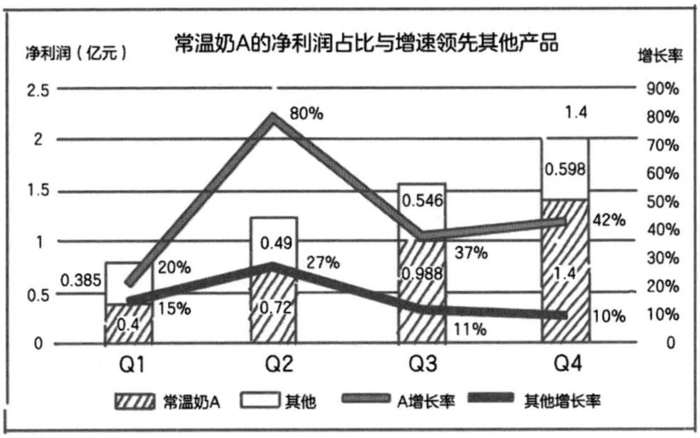

图 7–21　柱状图 + 线图重构

步骤 4　优化中心主张

面对 2 个饼图和对应的 2 组柱状图 + 线图，我们需要再次审视要表达的中心主张。通过第 3 步的数据分析和增减，“公司销量最大的常温奶 A 在过去 4 个季度增速明显，为公司带来持续性丰厚利润”有没有更具体、更有冲击力的表述方式呢？我们发现，单品常温奶 A 的增速其实远超公司其他单品，是其他单品增速的 2 倍左右，是真正的增长引擎。中心主张可以初步调整为“常温奶 A 是公司 2021 年的绝对王牌，不仅是销售额和净利的最大贡献者，还是增长最为迅猛的增长引擎”。

这样重新描述后，本页内容就有了关于常温奶 A 的两个部分并列的内容和一个中心判断。

> 常温奶 A 是绝对王牌。理由：
> 1. 销售额高（绝对值和增速）；
> 2. 净利高（绝对值和增速）。

衡量公司业绩的 KPI 无非是销售额和净利，我们可以根据这个逻辑设计 PPT 的组件，然后将内容填进去，可参考如图 7–22 所示的复合组件（从左到右），由销售额和净利的突出表现，可以推导关于产品 A 的总结判断。

这样，经过前 4 步的整理，我们生成了如图 7–23 所示的第 3 版图表。准备开始下一步的精进。

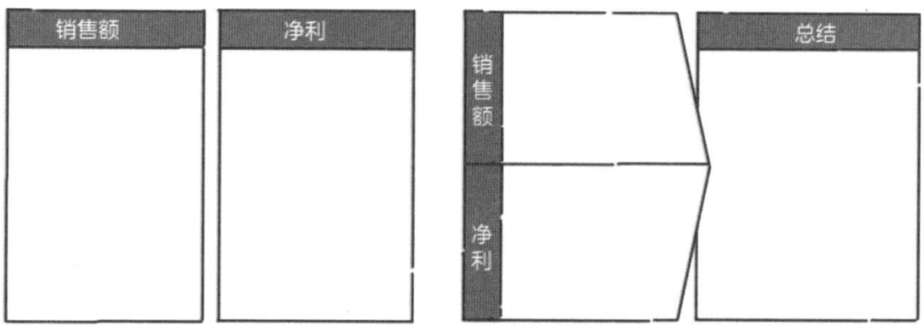

图 7-22　并行组件或复合组件

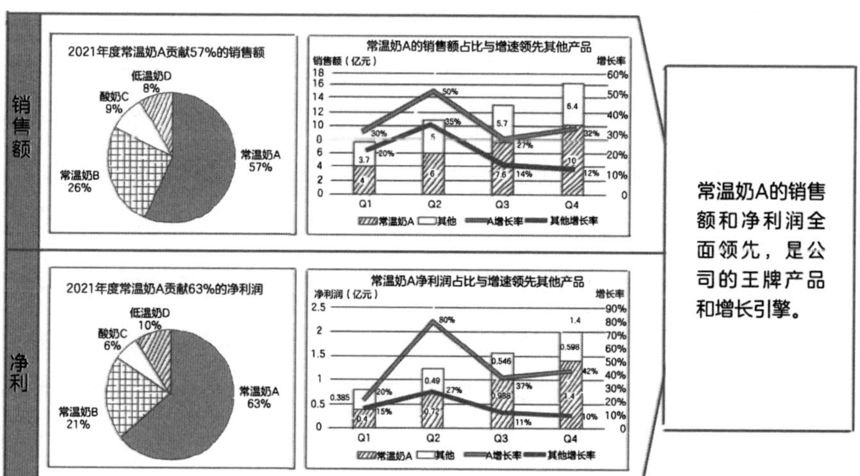

图 7-23　用复合组件连接图表和结论的第 3 版图表

步骤 5　细节精进和检查

经过 1 ～ 4 步，图表的基本框架和数据点都已经到位，下一步是视觉优化和最终检查。首先是细节的精进。

图表也要有判断性的小标题。在设计图表时，我们要考虑读者的阅读习惯和沟通的便利性。每张图表就像一整页微型的PPT，也要有判断性标题，除非图表内容非常简单。在阅读图表时，读者会先看到标题并从中获得图表的观点。如果标题缺失或标题不具备判断性质，读者就会被迫自己提炼，从而增加不必要的沟通成本和风险。

本案例中需要有对销售额和净利的判断，在陈述判断时，也可以单独说明关键数据，引导读者关注作者预设的重点。比如对销售额增速的表达可以标出“常温奶A全年增速达150%，是其他产品增速的2倍左右”。

图表还要标出重点。数据图表会包含各种数据点，但每张图表的描述重点往往是一个或少数几个。我们不能期望读者慧眼识珠，不能让他们猜我们要突出哪个部分的数据。因此，我们要在图表上想方设法地标出重点。常见的做法有用鲜艳的颜色标注、加粗字体等，必要时我们还可以用外框框出关键信息。

案例中，第3版图表没有突出常温奶A的数据组，不能让它一目了然。在饼图中，我们可以把常温奶A的那部分从饼图中拎出来，让它十分醒目。在柱状图和线图中用深色组件加外框的效果也不错。记住，当我们用外框及其他标识指出重点时要加注释，告诉读者这个标识的作用是什么，比如“讨论重点”。

最后，我们要做检查：图表中的关键数据要标出来源，这样显得专业严谨；如果是团队做的问卷调查，要在数据来源上标出“团队调研”；如果数据来自上市公司报告，在页脚标出“数据来源：公司10-K财务报表”即可。其他细节，如图表的单位、描述，还有展现层面的图表对齐、颜色、字体字号等，也要仔细检查一遍。

经过这 5 步，我们的整页图表终于完成了（见图 7–24）！最后，我们来看图说话，确认图表讲述的中心是否与表达的一致。最终版本读起来相当顺畅：左边两组复合定量图表分别从销售额和净利润两个维度说明了常温奶 A 贡献巨大；又用折线图表示增速，说明常温奶 A 是很有后劲的增长引擎。为了让洞见更明显，右边的文字框还将核心观点阐述了一遍。这张由定量图谱组成的 PPT 单页通过了“看图说话”测试。

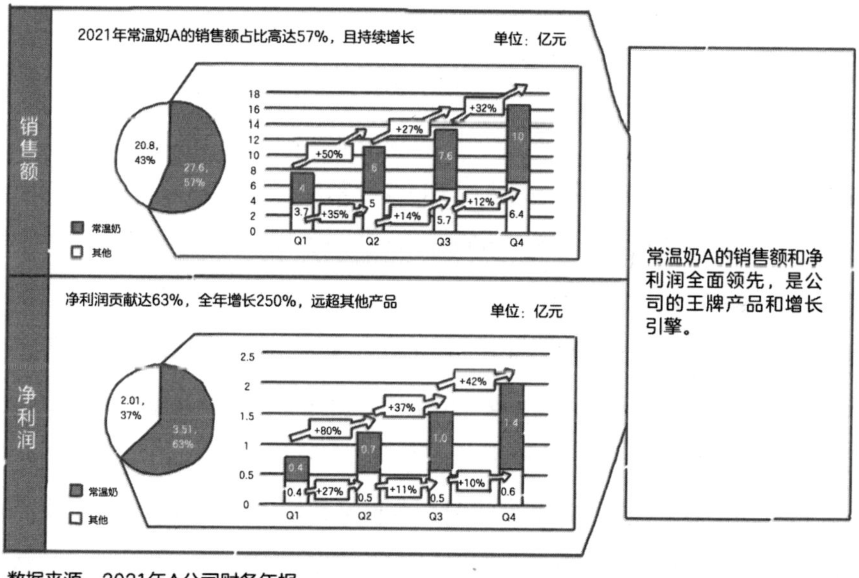

数据来源：2021年A公司财务年报。

图 7–24　加上出处并做些美化的成品图表

完成上述 5 步在商务文档准备中并非主流。很多时候，人们囿于时间压力，将不做任何处理的原始数据直接“复制—粘贴”，比如将表 7–1 中的 Excel 图表直接贴在 PPT 中，就认为完成了沟通的任务。我们经常见到无关而分散的数据，很多没有标题、计数单位，甚至没有 *x* 轴、*y* 轴标注的 Excel 图表也被堆砌在商务文档中，无形中给读者造成了阅读障碍。

养成良好的制图习惯的关键还是要有端正的态度：确保高效呈现是作者的责任。作者要从便于读者理解的角度尽可能做好准备数据和图表的基础工作，完成定量图表制作的 5 步是最基础的要求。持之以恒，践行者自然会在激烈的职场竞争中脱颖而出。

定性图表描述洞见逻辑

相对于定量图表，定性图表应用的频次较少，但重要性很高。高阶商务文档中一个关键的图表是“杀手图表”（killer chart），属于定性图表。定性图表的绘制是从“SWOT 天团”升级到“PPT 收割机”的必备技能。

定性图表，又称概念图表（conceptual chart），是用图表的视觉呈现手段表现框架、结构、关系和流程等非量化内容。定性图表能将因果、相关性和时间、空间等关系呈现在商务文档中，便于读者理解。在工具应用上，大部分以数据为基础的定量图表可以在 Excel 中生成，而这里聚焦的非量化定性图表也能在 PPT 的形状库中找到基础的形状和组合。

在商务文档中，定性图表和定量图表被交替使用、各司其职：定性图表用来描述核心逻辑，定量图表用来支持论点。这样，一个优秀的商务文档就有了坚实的基础。

在《像高手一样解决问题》① 中，作者将定性图表分为四大类：结构、流程、互动和框架（见图 7–25）。

① 加雷特，菲尔普斯，西博尼 . 像高手一样解决问题［M］. 魏薇，孙经纬，译 . 杭州：浙江教育出版社，2021.

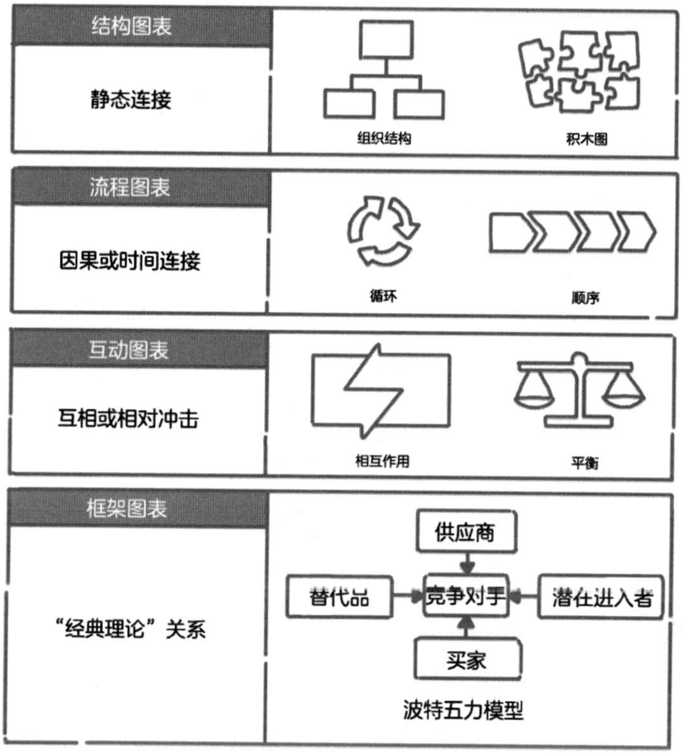

图 7-25 定性图表的四大分类

细心的读者一定会发现定性图表的分类与之前介绍的 PPT 构图组件的关系划分有相似之处。原因很简单：定性图表和构图组件都是用来描述逻辑关系的工具，其基础类型必然会有重合。但二者的功能截然不同：定性图表是图表的一种，是 PPT 的具体组成部分，需要用数据和逻辑来表述或支撑某观点；构图组件是用来构建 PPT 页内容的大颗粒度结构，本身并不具有逻辑推演的细节。

不同类型的定性图表有各自的特点。

> 结构图表（structure）：表示总分等各种结构的静态连接。构图组件的并行、总分组件应该属于结构图表。比如，公司的组织结构图就属于结构图表。
>
> 流程图表（flow）：表示因果和递进，也可以表示时间连接。构图组件中的流程组件、递进甚至筛选组件也可以与之对应。比如，用户决策旅程的流程图就属于流程图表。
>
> 互动图表（interaction）：表示互相的或相对的冲击，包括构图组件中的部分流程，尤其是带有循环互动的流程和有互动的总分组件，比如用户体验的触点图表。
>
> 框架图表（framework）：表示各种知名理论框架和自创框架，采用相对自由多样的形式，比如经典的波特五力模型。

定性图表虽然重要，但数量不能过多，还需要定量图表和数据予以支撑。在《像高手一样解决问题》中，关于定性图表（概念图）的应用有一段精辟的描述："但是，我们还是建议你要小心谨慎地使用概念图。如果在一个应该使用定量图的地方使用了概念图，你的结论可能会被认为不够严谨，或者听众会认为你就是懒得花时间去收集必要的证据。"

定性图表是战略问题拆解的产物，如果拆解的深度不够，就很容易停留在浅层问题上。比如分三步的"把大象装进冰箱"类的逻辑拆解：第一步把冰箱门打开；第二步把大象放进去；第三步把冰箱门关上。普适的流程拆解缺乏思考深度，毫无指导意义，是不折不扣的避重就轻、敷衍塞责。

"把大象装进冰箱"类定性分析并不少见。比如，上级安排小白做个快消品具体赛道的行业研究并询问他的思路。这时，小白不假思索地用流程图表（见图 7–26）来回答：第一步访谈和调研；第二步书写和修改；第三步交付并呈现。然后，小白的汇报就停留在了流程层面，没有展开更多的细节。我们可以想象上级是多么无语，因为这是普适的、永远正确的所有行研创作的流程，没有具体定制化方案及下一层面的细节，这个框架就是没有营养的空谈。

图 7–26　行研流程

定性图表内容质量低劣的情况不是形式造成的，其根源在于作者思考的深度和广度不够。同样的问题，如果小白可以在调研方向上用波特五力模型经典框架图表，从供应商、消费者、竞争对手、替代品、潜在进入者 5 个要素分别讨论经营主体与其议价的能力（bargaining power）；然后根据行业的具体情况，计划着重分析某个要素（如消费者），那么这张定性图表便承载了作者将要进行的市场调研方向以及关键取舍，就更有价值。在此基础上，小白还可以初步添加下一层细节，比如，关注哪个具体的消费人群及其原因，关注哪些竞争对手，从哪些维度进行比较，等等。

与之前“把大象装进冰箱”类的流程图相比，精进的波特五力定性图表（见图 7–27）承载内容的能力显而易见，更能激发有营养的讨论。基于新图表，上级可以给出方向判断及具体建议：比如，消费者调研可以参见 ×× 行业研究报告；竞品分析主要看 ×× 公司；在关注焦点上，潜在进入者不容小觑，要关注互联网大厂目前的具体布局等。高质量定性图表的存在，使整个讨论更加深入，也更有价值。

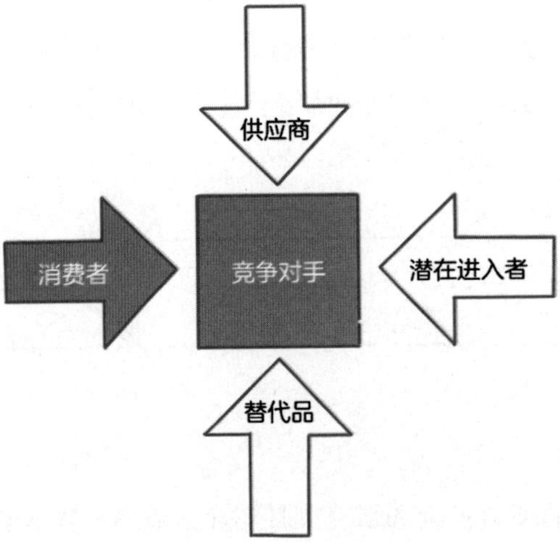

图 7-27　波特五力模型

定性图表数量虽少但意义重大，在商务文档中往往作为文档逻辑的主线或核心论点来呈现。在设计定性图表时，其核心是提取图表所承载的逻辑本身[①]，不是为了画图而画图。在拥有洞见级解决方案后，选取适当的定性图表类型（结构、流程、互动和框架）就相对容易了。绘制高质量定性图表是高效沟通的高阶能力项，也是绘制“杀手图表”的基础。

“杀手图表”回答关键性问题

在 MBB 战略项目最终呈现的几百页汇报文档中，总有那么几页图表是用来展示整个文档或某部分的核心观点和思路的，它们总能直接回答难以回答的

① 参照《麦肯锡结构化战略思维：如何想清楚、说明白、做到位》中提到的切分和新麦肯锡五步法。

关键性问题，统领商务文档的其他部分，被反复引用和深化。这样的关键图表，在麦肯锡内部被称为“杀手图表”。在战略项目的最终汇报中，“杀手图表”登场的时刻，是彰显战略团队思维深度和广度以及解决问题能力的高光时刻。这张“杀手图表”就是我们的答案！

本章开头将图表分为定量和定性两大类，其主要目的是帮助初学者意识到图表的大类，练好图表创作基本功。然而在实战中，定量和定性图表并不是泾渭分明的；很多时候定量和定性互相交织，共同完成高效商务沟通的任务。“杀手图表”在很多时候是定性和定量结合的图表，用逻辑和数字共同阐述核心观点。

无论“杀手图表”是定量的还是定性的，都必须是多维度的。因此，有时“杀手图表”也被称为“多维度图表”。单一维度切分限制了图表传达信息的丰富度，也让它显得十分单薄。而且，数据规律的发现和对它的描述都还停留在表象层面，那些数据规律背后的成因才是我们关注的要点，即洞见。当我们用多维度结构化思维找到复杂的战略问题的洞见时，其解决方法本身往往也是多维度的、多层次的。这时单一维度的图表，如饼图、折线图、流程图等就变得捉襟见肘；此时，多维度图表就成为不二之选。

要掌握多维度绘制图表的技巧，我们必须从多维度思考开始。建议回顾《麦肯锡结构化战略思维：如何想清楚、说明白、做到位》一书，看一看从多维度定义、分解、验证到解决战略属性问题的全过程。由于本书聚焦呈现层面的技巧，关于结构化思维的内核此处不再赘述。

在形式上，多维度图表没有固定的形态，但凡能承载多维度的定量和定性信息的图表都有可能成为备选。从维度多少这个标准看，由于简单的图表（如饼图和流程图）只能承载单一维度（如组成百分比、流程），不适合作为多维度图表的载体。这时相对复杂的多维度区间图、框架图、气泡图等可成为备选。

为了便于学习，我们从基础的多维度图表开始。比如下面这张有 x 轴、y 轴的项目优先级分析图（见图 7–28），虽然设计简单，但它是多维度图表的经典。

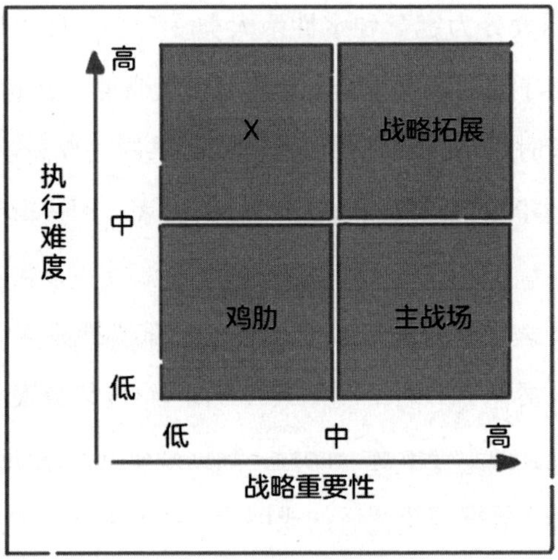

图 7–28　项目优先级分析

按照定量和定性分类，项目优先级图表的外部框架是定性的。x 轴、y 轴不是具体的定量数值，而是主观判断，是逻辑上的划分。图表由 2 个坐标轴组成（几乎所有关键图表都是从 2 个坐标轴开始的）：x 轴代表战略重要性，越向右表明战略重要性越高；y 轴代表执行难度，越向上表明执行难度越高。在每个轴中部都有一条分隔线，这样就出现了 2×2 的方块矩阵，每个方块又被称为“象限”。每个象限都是两个核心维度的不同值域组合，用来归纳项目特色。

多维度图表威力巨大：x 轴、y 轴将所有项目分成有意义的 4 类，帮助我们推演合适的举措。4 个象限都有自己鲜明的特色，能带来全新的解决方案。比如，战略重要性高而执行难度低的项目，是公司最应该做且必须做好的项目，是“主战场”；战略重要性高而执行难度也高的项目，往往是“战略拓展”，是我们常说的“难而正确的事”。在主战场赚取利润，而对战略拓展有时要倾尽全力、放手一搏。

在 x 轴、y 轴的基础上，我们还可以叠加更多的维度，比如加上代表预计收入多少的气泡。这样，有了战略重要性、执行难度和收入规模这 3 个维度，就为战略讨论提供了丰富且视觉化的决策基础，从而提升了沟通效率。

绘制“杀手图表”不仅要求作者具有战略思考与表达的综合能力，还需要些许创造力。由于“杀手图表”大多用来回答核心战略问题，比如消费者趋势、行业态势、对标分析、优势分析、品类拓展思路等问题，对麦肯锡咨询师来说，酝酿和制作“杀手图表”就成为项目中最关键的任务。

“杀手图表”没有所谓的“最佳生成流程”，但要遵循之前图表设计的基本原则，从便于读者理解的角度来设计。因为“杀手图表”是多维度的，前期战略分析中的关键维度往往是多维度图表的 x 轴、y 轴的高潜备选。比如，在做某快消品消费趋势调研时，团队提炼出消费者评判饮料优劣的维度有品牌、原材料质量、价格、口味、功能、场景等。在设计和构建消费趋势多维度图表时，图表维度大概率在以上维度中，将它们组合在一起构建“杀手图表”则需要长时间的练习。初学者可以先从 x 轴、y 轴类的气泡图表开始，同时多学习高手的多维度图谱，从中获取灵感。

只要我们学会寻找，优质的“杀手图表”就随处可见。MBA 理论中有很多经过时间考验的经典战略框架，如细分市场感知图和波士顿矩阵等，都是我们学习的好榜样。多维度图表也经常出现在各行各业调研和消费者洞见类的文档中，你可以多关注 MBB 类公司的消费者报告，一般高质量行业研究报告中至少有一张多维度的“杀手图表”。麦肯锡有一个专门的学习组织——麦肯锡全球研究院（McKinsey Global Institute，MGI），其中许多资深合伙人会定期带领团队生成各类行业报告。其中的经典“杀手图表”值得初学者反复钻研和学习，尝试逆向建构、复原作者的设计思路对自身能力的培养会产生巨大的帮助作用。

下面给大家介绍 3 张风格迥异的“杀手图表”。

“杀手图表”示例 1

我们先来看一下 2017 年 12 月麦肯锡全球研究院发布的《中国数字化进程研究》行业报告中的“杀手图表”。这份报告是一个长达 176 页的竖版备忘录形式的调研报告，我在麦肯锡商业技术办公室（BTO）① 的很多前“战友”参与了该报告的编纂工作。

在这份洋洋洒洒长达 176 页的报告中，核心图表就是下面这张行业数字化排名（见图 7–29），它在整个报告中起总领作用。这张“杀手图表”用可量化的标准评估了中国所有行业的数字化水平，并按照数字化程度的高低降序排列。此图涵盖了行业、评判维度及得分、GDP 占比、劳动力占比和内容分组（蓝框内）5 个维度，并且绘制精良，是一个名副其实的多维度“杀手图表”。

这张“杀手图表”同时有定性和定量的部分：比如每个图案的判断在很大程度上是定性分析，但麦肯锡团队准备了 Excel 数据组来支撑每个图案的定性判断；而 GDP 占比和劳动力占比是明显的定量判断。

① 全称为 Business Technology Office，是麦肯锡的全球化组织之一，聚焦用科技战略赋能企业。后来更名为数字化麦肯锡（Digital McKinsey）。

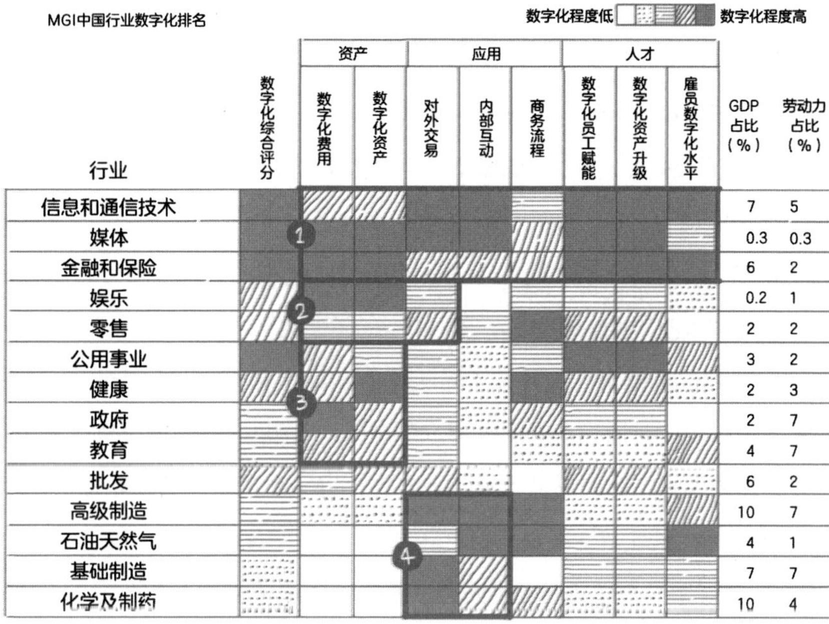

图 7-29　MGI 中国各行业数字化进程分析（部分）①

图表以热图（heat map）为主要形式，纵列是中国部分行业的 MECE 列举，横行是被拆分到第二层级的数字化评判标准。每个图案的方框是行业与评判标准 KPI 的交集，图案代表数字化程度的判断。根据右上角的注释，用不同图案表示 5 种判断：深蓝色图案指数字化程度高，白色图案则指数字化程度低，横线图案是居中的判断。

图表的横向拆解是本图表的关键，颇显作者结构化“切”的深厚功力。抽象的数字化概念被切分为两层，分解成可量化的颗粒度。第一层，从资产、

① McKinsey Global Institute Digital China. Powering the economy to global competitiveness［EB/OL］.（2017-12-03）［2022-10-26］.

应用和人才 3 个维度看待数字化程度；第二层，又以 3 个维度分别为起点往下再“挖”一层细节。比如，资产中细分了“数字化费用”和“数字化资产”两个部分，便于用相对公认的量化指标来衡量。

作者并没有就此止步。在热图的最右侧又添加了两列相关的行业指标：GDP 占比和劳动力占比。GDP 占比主要说明这个赛道的规模，GDP 占比越高，赛道越宽。劳动力占比表明这是不是一个劳动密集型产业，劳动力占比越高，越靠近劳动密集型产业。

这张图表信息密集，能给读者带来很多启发，甚至可以作为大型互联网公司跨界传统行业时选择赛道的参考。假设你是大型互联网公司的战略部门成员，现在需要聚集资源跨界进入某一个传统赛道。在资源有限的情况下，你会首选哪个赛道？赛道要足够大（GDP 占比高），数字化程度方面要有基础（总体蓝色），最好不是个性化服务类的劳动密集型产业（劳动力占比低）。这张图谱提供了所有要素的分析！不难发现，金融行业符合赛道宽、数字化基础好、非劳动密集型的要求，这也正是大型互联网公司曾经的必争之地。

用同样的逻辑来看教育行业。赛道足够宽但数字化基础差，并且属于个性化服务类的劳动密集型行业。按照之前的评判逻辑，大型互联网公司跨界到教育赛道的难度相比于跨界到金融赛道要大得多。而且，AI 等科技能否替代千百万教师的个性化服务还有待验证，大型互联网公司进入教育赛道做具体产品和服务在战略选择方面还有待商榷。

“杀手图表”示例 2

我们来看第 2 张“杀手图表”。与示例 1 相比，这张图表信息密度更大，是维度的极致叠加。这张图表基于虚拟案例，是为了学习而创造的。

液态奶行业中龙头企业 A 公司成本居高不下。经过调研，团队发现对比竞争对手 B 公司，A 公司有过多 SKU（存货单位，常指代存货或库存量）导致生产中的低效和浪费，同时还有互搏和混淆消费者品牌认知等负面影响。团队需要表达“过多的 SKU 造成公司成本浪费高达 2%”的中心观点，而图 7–30 支持了此观点。

A公司 SKU拥挤，尤其是低端常温奶，适当减少SKU会增强市场聚焦并显著减低生产成本

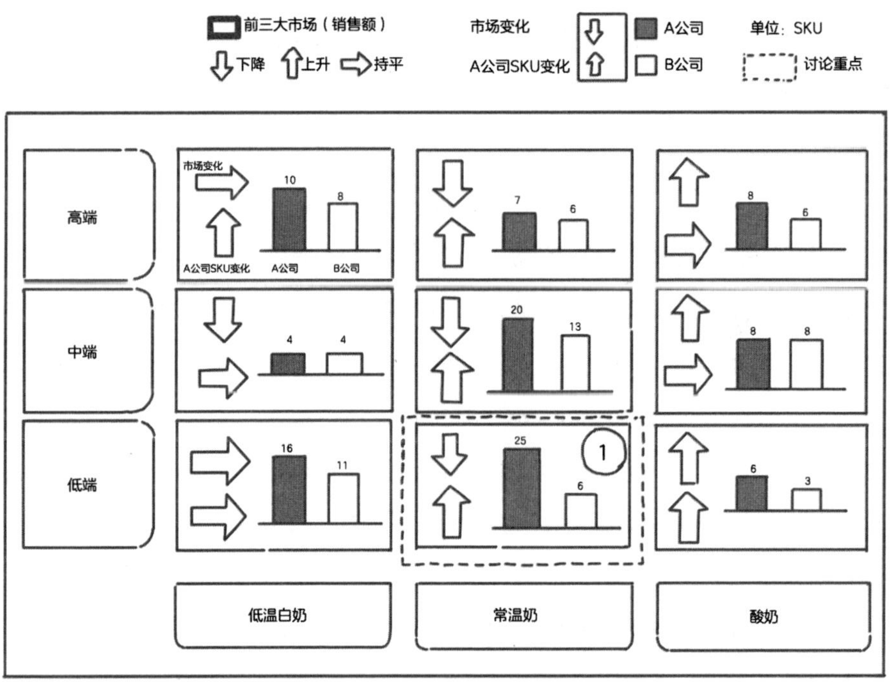

图 7–30　SKU 过多导致成本浪费

第一眼看到信息密集型的“杀手图表”，会感觉有点凌乱。这张图也不例外：繁多的小方格，其中又挤满了数字、箭头和柱状图。虽然我们需要花些时间理解这张图，甚至需要讲者引导才能全部弄懂，但它的确是个不错的“杀手

图表”。因为这一张图将公司 SKU 过多的现状和后果描绘得通透清晰。

我们一起来解读。从整体看，图表外框总结构是较为传统的 x 轴、y 轴二维度图表。纵轴是以价格为评判标准的产品分段，分为低、中、高端三类；横轴是液态奶产品分类，最左边是基础低温白奶，然后按照附加值从低到高排序一直排到酸奶。x 轴、y 轴定位的每个小方格可以解释为每类产品的价格带。看到这里并没有太多的惊喜。

每个小方格中间的信息才是表述的重点。小方格内首先用“项目关系”的柱状图来显示 A 公司跟竞争对手 B 公司在具体细分市场的 SKU 数量。比如，在标 1 的方格中，A 公司有 25 个 SKU，而 B 公司只有 6 个。方格左上角箭头表示这个市场在过去一年中总销量是增长还是减少，标 1 的方格中的左上箭头朝下，说明这个市场的总销量减少了。方格左下角还有个箭头，这个箭头说明 A 公司在这个品类中的 SKU 在过去一年是增多还是减少。标 1 的方格中的左下箭头朝上，说明 SKU 增多。最后，用方格边框来代表这个市场中 A 公司销售是否超过 B 公司，实线表示超过，虚线表示没有超过。标 1 的方格边框为虚线，说明 A 公司的产品销量没有超过 B 公司。

在小小的方块中叠加了 4 个维度的数据，要表达的意思不言而喻：“在低温白奶这个日渐萎缩的市场，本公司用了竞争对手 4 倍多数量的 SKU 在竞争，而且还在增加新 SKU，但销售额还是输给了竞争对手。”类似趋势的细分市场还有中端常温奶，在标 1 的方格的正上方。A 公司在这 2 个细分市场进行 SKU 优化的紧迫性跃然纸上。

一张图表中浓缩的全方位数据能把 SKU 过多的问题描述得如此到位实属难得。如果商务呈现中有如此分量的图表，讲者完全可以停在这里几分钟，详细讲解听众感兴趣的细分赛道及其 SKU 优化的空间。这张图也自然成为后面整体解决方案的坚实基础。

“杀手图表”示例 3

前两张图表都是定性和定量结合的“杀手图表”，用高超的切分和密集的数据呈现赢得听众。现在，我们来看一下纯定性图表是如何成为“杀手图表”的[①]。

白色家电生产公司要做增长战略，希望解决的问题很直白：除了主营业务冰箱之类的白色家电，公司还可以做什么品类以达到营收增长的既定目标。图 7–31 是品类拓展战略讨论会上用的“杀手图表”。

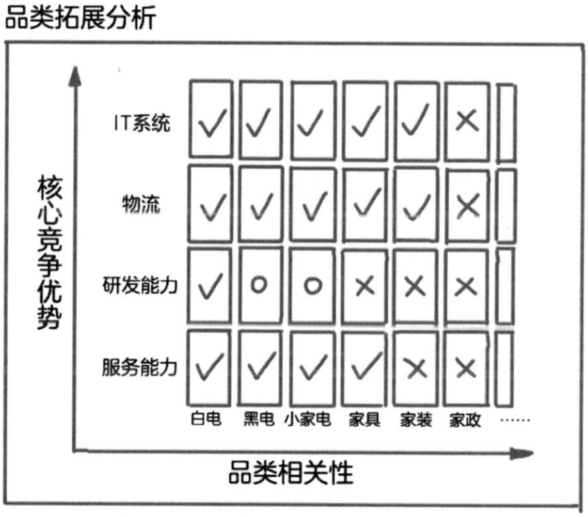

图 7–31　纯定性图表

在品类拓展分析图表中，x 轴为“品类相关性”，y 轴是公司自定义的“核心竞争优势”。x 轴列出符合 MECE 原则的所有品类，并按照与白电的相关性大小做降序排列。也就是说，新品类离白色家电越近，意味着与白色家电的相

① 《麦肯锡结构化战略思维：如何想清楚、说明白、做到位》中引述过此案例。

关性越强；反之，相关性越弱。

沿 x 轴、y 轴的刻度垂直于所在轴绘制连线，这些直线交汇成网状的方格矩阵。每一个方格代表一次判断，也回答了品类拓展的关键问题：新品类与企业已有各核心竞争力能否匹配。用“√”来表示某个具体核心竞争力支持此新品类，用“×”表示不支持，用“○”表示不确定。

这个图表可以从纵向和横向两个视角来分析。纵向“√”较多的品类与公司已有的核心优势相关性强，可以优先讨论；横向看哪些能力可以作为第三方服务输出。纵向的黑电、小家电和家具，横向的 IT 系统、物流和服务能力都是不错的候选项。

这个图表虽然没有定量数据作为支撑，但依然是个不折不扣的“杀手图表”。以这个图表的框架为基础可以引导初期的品类拓展战略讨论。框架不但把复杂而笼统的拓展问题分解成有讨论价值的具体模块，其 MECE 结构还起到了确保管理者从全局出发，无遗漏地讨论所有相邻、相近、相关的拓展机会的作用。

制图高手

在麦肯锡，制图能力（charting）被抬到了至高无上的位置。能持续产出惊艳的多维度“杀手图表”的咨询师是“大神级”的存在，各项目负责人争相邀请其加入团队。虽然绘制“杀手图表”听上去容易，但绝不是初学者理解的娴熟运用制图工具或画图精益求精、横平竖直的能力。

工具和技巧并不是咨询师的核心竞争力。其实为节省一线咨询师的时间，麦肯锡早已将基础的制图工作外包给图表设计师。当咨询师构思好一页 PPT 或一张多维度图表时，他只需要在草稿纸上画出大概，比如 x 轴、y 轴及气泡的大概位置等，然后用手机拍照并发送给公司内部的“视觉设计组”（visual graphic），由专职绘图人员将图表绘制成形即可。由视觉设计组绘制的初步图表，须由咨询师调整后才能生成最终版本。这里，战略咨询师将 PPT 及其图表的细节制作环节外包，而保留了最具增值价值的洞见生成和创意呈现。

为彰显调研的精细度以及思考的深度和广度，千万级战略项目的 PPT 必须包含多张核心“杀手图表”。“杀手图表”的作用是统领核心洞见和举措，尤其在品类拓展战略的标准筛选、增长战略中对消费和产品趋势的判断，以及市场进入战略的行业和主要竞品分析等内容中必不可少。作为战略规划的灵魂，“杀手图表”的创作技巧也远远超越基本制图类技巧，是结构化战略思考与表达的顶级体现。

作为高阶沟通技能，制作“杀手图表”是先“想清楚”再“说明白”，然后生成高效沟通视觉产品的全过程。我们只要从基础做起，持续精进思考和沟通的能力，就能掌握用关键图表说话这一高效商务沟通的能力。

第四部分

呈现篇

第8章

聚光灯下，如何讲好故事

商务文档终于写好了！你再一次仔细检查每页的图表和语句，确认洞见提取到位且描述精准，数据和图表都准确可靠。牢记本书强调的“文如其人”，认真的你甚至不放过标点和对齐这样琐碎的细节。这时，你对商务文档的完整度及专业度信心满满，可高阶商务沟通的终极大考——现场呈现尚未开始。

呈现是输不起的最后冲刺。不管文档准备得何等完美，如果开场就因紧张而语塞或讲了个不合适的尴尬笑话，听众很可能仅凭现场的瑕疵就对汇报内容本身产生疑问，甚至不会认真倾听。如果发生类似的情况，那么之前为准备文案而付出的所有努力都会毁于一旦，十分可惜。

呈现的准备不周或疏忽造成沟通失真或失败，是完全可以也应该避免的。本章我们重点讨论如何把商务沟通的最后一步——呈现做到位。

你不是个演员：讲者要做好自我定位

商务汇报讲者的常见认知误区是过度解读自己与汇报效果之间的关系，承受不必要的“表演”压力。其实，商务汇报演讲作为公众讲演的一个特殊品类，与以竞聘讲演为代表的竞争类讲演、毕业演讲等激励类讲演，以及脱口秀和相声等娱乐类讲演有本质上的不同：商务汇报更关注商务主张以及支撑它的数据与逻辑，所谓“对事不对人”；而不太关注讲者的品质、特色和风格。

商务沟通中对讲者的要求首先是“专业”，讲者自然也无须是个性鲜明甚至有些张扬的“演员”。商务沟通中的洞见十分重要，讲者是真知灼见的媒介，而不应该成为沟通的焦点本身。讲者在沟通中起到辅助和放大的作用，不要过分地强调自身，避免陷入喧宾夺主的窘境。

在高阶商务沟通场域中，应避免使用娱乐感较强的讲演风格。我们身边优秀的讲者往往有自己鲜明的特色和风格，很多都自带喜感和亲和力。使用方言就是很好的例子。有些方言自带幽默感，有时会让听众笑声四起。然而，这类风格即使作为破冰的小技巧，也一定要慎用。因为在高阶商务沟通中，大家要做的决策往往举足轻重，关乎个人、团队甚至企业的未来，十分严肃。具有娱乐性的表达与决策的严肃性格格不入。使用普通话是最基本的要求。

呈现中的其他个人特色和风格，比如夸张的面部表情、演哑剧般夸张的手势动作等，如果严格依据专业标准，都要慎用。这些基本要求与前文所述的麦肯锡文档中杜绝花里胡哨的动画和色彩是一个逻辑：最大限度地避免华而不实的技巧对商务沟通造成不必要的干扰。

作为真知灼见的媒介和通路，为了彰显专业，商务汇报讲者要从态度、内容和技巧 3 个层面提升自己（见图 8–1）。在态度上，做到自信和真诚；在内容上，做到易懂和专业；在技巧上，学习基础的开场、控场和收尾时的讲故事、制造反差等技巧。

关于态度（**attitude**），要警惕前文提到的商务汇报讲者的认知误区。汇报者是真知灼见的传播者，自信应主要来自内容，而不是个体的品质和特色。能做到对内容有自信基本就达到了商务沟通呈现的信心要求。关于内容（**content**），前文围绕汇报，详细讲解了文档准备和书写的原则及技巧，这里不再重复。下面我们主要讲讲呈现的技巧（**techniques**），讨论如何开场、控场和收尾。

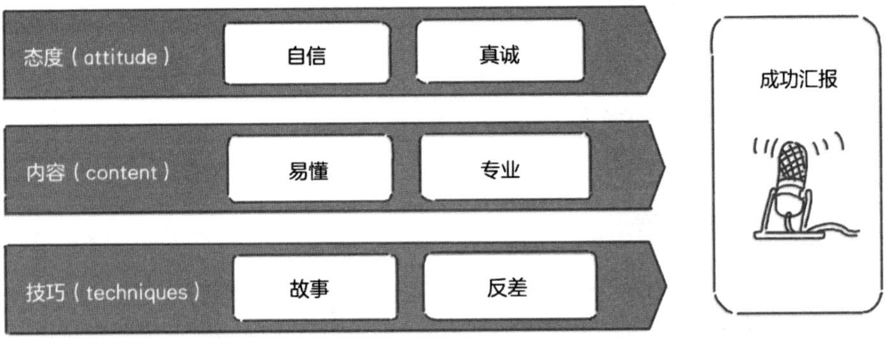

图 8-1　提升自己的 3 个层面

开场：抓住听众的注意力

投影仪的光柱打在脸上，你拿起麦克风和翻页笔缓缓走到会场中心。你站定后的几秒到 2 分钟至关重要，这个时段被称为“开场”。开场为整场沟通奠定了基调和主线；要“一炮打响”，我们就必须仔细规划开场的内容及方式。

开场是讲者从开讲到进入核心内容之前展示的内容，要在短时间内吸引听众的注意力并让听众认为接下来的内容值得聆听。开场阶段要完成 3 个核心任务：第一，快速获得听众关注；第二，清晰阐明内容梗概，通常要简单介绍沟通的整体背景和内容大纲；第三，也是最难的部分，是建立必要的信任和连接。

“快速获得听众关注”在开场时相对容易。开场有得天独厚的优势：讲者只有在这时才基本可以毫无顾虑地使用各种演讲技巧让听众注意自己。比如，如果听众处在闲聊状态并且会场秩序混乱，讲者的某些激进的做法也会被接受，如提高嗓门，用力拍手，甚至大力敲几下桌子。毕竟这是开场，讲者有责任也有权力让大家聚焦。

“清晰阐明内容梗概”也有方法可循。遵循开场内容介绍四要素，我们就可以简要地阐明沟通的背景和内容大纲。

开场内容介绍四要素

要完成第二点“清晰阐明内容梗概”，正式的开场内容中一般要包括以下四要素。

> 人员介绍：简单介绍团队和讲者，如有必要，还应介绍参会人员。
> 背景综述：此次沟通的背景和必要性。
> 核心内容：中心议题及对听众的期望。
> 流程安排：会议时长、各阶段安排，并征求意见。

以虚拟的战略转型案例为背景，项目负责人最终呈现的开场白中涵盖了上述四要素。

人员介绍：

“大家好，很荣幸在中期汇报后时隔 1 个月再次为大家做项目汇报。看到此次有新面孔参会，我先做个简短的自我介绍。我叫 ××，也是此次战略项目的负责人，本次汇报的主讲人。在我身边的是我公司核心团队成员 ××、×× 和 ×××。他们有各自负责的内容，必要时将辅助我完成此次展示。”

> **小贴士** / 如果有必要，也可以礼貌地请求对方发言人介绍参会人员。在人员介绍完后，继续介绍此次汇报的背景和内容。

背景综述：

“在开始汇报之前，我先快速回顾一下项目所处的位置和状态。3 个月前，麦肯锡团队正式启动为期 12 周的战略转型项目。感谢总经办作为业务对接方在项目中提供的支持与帮助。大约 4 周前，团队进行了中期汇报，收集了多方的建议和反馈。基于中期反馈，小组继续深化调研，生成了这次汇报的成果。此次是最终汇报，我们团队将完整呈现成果。”

> **小贴士** / 此时可以适当询问在座参会人员对项目背景和预期的意见，但要严控时间，聚焦汇报核心。

核心内容：

“我将分享团队调研和分析的成果。先从对我公司所在赛道的发展方向、消费趋势和竞争态势的分析与判断开始，然后对标竞品和行业水平，从收入和成本两侧分析我公司现状，最后从品牌、销售、运营和组织四大维度，阐述团队为公司在 5 年内完成销售额 200% 有机增长的战略目标规划的路径和举措。”

> **小贴士** / 核心内容简介是对整体汇报结构的粗略分享，目的是管理听众预期，因此不必展开细节。在高阶商务沟通会议前，我们通常会提前 2 ～ 3 天沟通会议讨论的内容及流程，并通过电子邮件等正式渠道向参会者发布会议通知。

流程安排：

“按照会前制定的议程，本次会议预计 2 小时，具体安排如下。我方先就战略核心内容进行 60 分钟的汇报：市场、竞品和自身分析 30 分钟，落地路径和举措 30 分钟。在每阶段结束后都会留约 15 分钟的问答时间。最后还有 30 分钟的综合答疑和讨论时间。考虑到此次决策的重要性，我们预约了 3 小时的会议时间；如果有需要，我们还有充足的时间确保讨论充分而透彻。”

> **小贴士** / 会议各部分的时间设定要留有容错空间。进展顺利时，会议可能进行得很快，反之则不然。在会议议程设计上留有空间就有更多的回旋余地。同时，主讲人或主持人需要聚焦核心问题，在确保核心内容覆盖的前提下，允许在议题之外适当地延展讨论。会议主持人要有很强的时间掌控能力，必要时可提议安排其他时间深入讨论主题之外的话题。

建立必要的信任与连接

“建立必要的信任与连接”听上去简单，要做到却充满挑战，需要讲者有创造性的设计并一丝不苟去实施。优秀的开场能帮助讲者与听众建立连接，抓住听众的注意力，增强听众的好奇心，让双方短时间内建立信任并营造积极场域。

商务沟通要“专业”，尽量避免滥用技巧而喧宾夺主。但在开场时，与夸张的噱头对应的另一极端是不用任何开场技巧直接进入主题。这种风格虽然高效，但往往显得机械、冷漠、突兀。听众甚至会觉得这次沟通对讲者而言只是事不关己的一次性任务，易产生负面感受。

我们要为开场做充分的准备，提前收集与讨论主题和参会者相关的信息。通过简单的信息收集，我们可以用一两句话就与参会者建立信任与连接。比如，同为职场人，参会者与讲者总能在某些普遍而非敏感的话题上找到共鸣。常用的话题有地点类（如自己出生或长大的地区）、教育经历类（曾就读的学校和所学专业）、下一代（养育的共同“槽点”）等。

不过，运用“个人”做连接可能是把双刃剑，要动用情商做初步判断：共同的经历可以瞬间拉近人与人的距离并建立信任，但稍有不慎很可能适得其反。举个例子，咨询师小白从香港到北京客户总部汇报战略项目的阶段性成果。小白了解到参会的客户公司 CEO X 先生是自己母校的学长。而且，他知道 X 先生对母校感到十分自豪，是当地校友会的负责人之一；X 先生所在公司的高管中校友比例也出奇地高。主讲人小白想借助这个纽带建立连接与初步信任。

小白：“在开始团队的阶段性成果展示之前，我作为项目组组长再次感谢 X 先生的邀请。”

他将目光锁定 X 先生，做适度的眼神交流，接着说：“可能您不知道，我作为您 2005 级的本科学弟，曾在校友论坛上和您有过一面之缘，聆听过您的分享。今天十分荣幸负责此次战略转型设计，还希望师兄多多指教！”

即使这样简短而尺度得当的开场，依然存在风险。开场要尽量与大多数人建立连接，而与单个决策者建立个人层面的连接可能会被听众过度解读或错误解读。X 先生本人可能也很不舒服：他的确认为母校是培养精英的摇篮，也经常照顾校友，但将这件事当众点破有“套近乎”或“要优待”等不利于专业判断的嫌疑。给其他关键人带来不悦的风险更明显：有人或许崇尚“草根逆袭”，对名校或名校概念本身有抵触心理。这样，开场给出的额外信息不但没有建立信任，反而埋下了不必要的隐患。

相对于“对人”连接，“对事”连接就显得更加可靠而低风险。“对事”

的开场常用的技巧包括讲故事、列举非常规观点、提问互动、引述名言和统计数字、埋伏笔或保持神秘、制造反差等，还可以借助实物道具或视频等多媒体道具辅助开场。这里着重介绍开场宝器：讲故事。

讲故事是建立连接的高效方式。商务沟通中的战略逻辑是抽象的，支持数据是晦涩的，但故事是立体生动且刺激强烈的，我们都愿意听故事。在开场讲述为什么要做这个项目时，有创意的故事能让听众感同身受，可以快速展现项目的必要性、重要性和紧迫性，也可以让听众体会到讲者真正“懂”所谈论的问题，信任也就油然而生了。

讲故事虽然是近乎艺术的创作，但依然有方可循。故事天才无法复制，但我们至少可以努力成为沟通的匠人。更何况，商务沟通里不需要演员，更没必要是天才。我们保证开场故事有相关性、简短、有趣和有冲击力就足够了。

首先，故事的相关性是第一位的。这里的相关性不仅指与主题相关，还指与讲者观点的相关性。其次，开场故事必须简短。故事是带出主题的引子，引子长了就会有拖沓冗余的感觉。开场一般严格控制在 2 分钟之内。[①] 内容层面要有趣、有冲击力，需要我们认真思考和设计。

还是用案例来说明。团队要呈现“成本战略”，其核心观点是产品制造与包装中设计和流程的优化可以节约成本，但由于产品长期处于行业寡头地位且盈利能力很稳健，公司对成本的重要性认知不足。讲者在呈现细节前，要准备一个有冲击性的开场，否则参会者会习惯性地认为成本问题都是小题大做、无病呻吟。

开场应先从讲故事开始：“今天先给大家讲一个垫圈的故事！”

---

① JEAVONS S. Storytelling Techniques for Your Next Business Presentation［EB/OL］.［2022-10-26］.

此时他稍作停顿，让大家把注意力集中在自己身上。然后，他缓缓拿起一个不起眼的塑料垫圈，开始讲故事："这个垫圈来自主打产品的外包装，是无功能价值的装饰垫圈，而垫圈的视觉效果可以通过重新设计低成本的包装实现。仅去除这多余的部件，就会给公司每年节约 ×× 吨塑料，节省 ×× 千万元的成本。"故事中提及的装饰垫圈如图 8–2 所示。

图 8–2　垫圈

然后，讲者再次举起垫圈："类似微小但冲击很大的机会成本在产品设计和包装流程中并不罕见！在调研中，团队发现了 20 余项类似的成本机会，每年可为公司节省 × 亿元。这相当于我们最大的制造工厂 A 的全年利润！"

这个简短的故事以点带面，用大家熟悉的小部件把整个项目的必要性和冲击性表现得淋漓尽致，既激发了听众倾听细节内容的兴趣，也为整场汇报定下了良好的基调。

小贴士 / 对此类描述业务现状的"故事"，听众通常拥有较丰富的专业知识且比较敏感，主管相应业务的负责人可能就在听众中，其感受可想而知。因此现状描述类的故事一定要确保其真实性和普遍性。在数据层面，杜绝纰漏；在态度和语气方面，保持客观中立，不能有任何嘲讽贬低的解读。

再如融资路演：在为新款电动车（见图 8–3）融资的商业计划书中，其核心观点是产品的低能耗业界领先。

图 8–3　小型电动车

开场可以进行提问互动：询问在座参会者有多少人开车上班，如果开车每天开多少千米？找到均值后，估算一下每年开车消耗的燃油费用（为避免实时计算的风险，可以将数字事先准备好），也可以把可信的调研报告中驾车里程数的中位数折合成费用预先写在 PPT 中，互动之后立即展示这个数字。例如，“每年油耗将近 1 万元！10 年就是 10 万元！”

然后转到“本公司小型电动车的低能耗领先业界其他品牌”这一观点上。对比燃油车，本公司未来产品行驶同等里程数所需充电费用是燃油费用的 × 分之一；仅本电动车 10 年中节省的油费就可以再买 2 部新车！

互动中的切身感受打开了听众的消费者视角，将产品的核心优势有理有据地呈现出来。如果辅以车型概念图和用户反馈视频，就能激发投资者的兴趣，让他们期待更多细节的呈现。

小贴士 / 通过互动式提问引出故事常用于介绍听众有感知的产品和服务，比如快消品。互动有参与意愿过低和现场答案不符合预期的风险。为避免冷场和预期偏差，我们可以事先安排“友好”的听众充当气氛组，确保抛出来的问题有回应且与自己的论点匹配。

控场：场中保持节奏

在高阶商务沟通中，“控场”是指讲者用必要的技巧和手段保证呈现过程有良好的节奏。美国心理学家艾伯特·梅拉比安（Albert Mehrabian）提出的著名的 7-38-55 定律指出：55% 的信息是通过视觉传达的，如手势、表情、外表、装扮、肢体语言、仪态等；38% 的信息是通过听觉传达的，如说话的语调、声音的抑扬顿挫等；只有 7% 来自纯粹的语言表达。

沟通中最重要的视觉和听觉属于姿态类呈现技巧，商务沟通中主要指讲者的眼神、手势、站姿和语速、语气及语调等。

眼神交流

眼睛是心灵的窗口，我们有时甚至会根据眼神交流的结果来做可信度的判断，比如说谎的孩子眼神会闪躲。对于讲者，自然的眼神交流是与听众交流和建立信任的工具。眼神应用不当，如无眼神交流，面朝 PPT（背对听众），看着自己的脚尖讲内容，交流不当如长时间盯着某一个人讲解而忽略其他人，都会造成沟通障碍。

小贴士 / 为了确保有足够的眼神交流，脱稿呈现是基本要求。可以准备好的文案（包括 PPT）作为辅助工具，但不能将其作为内容的唯一来源。

沟通专家丽莎·埃文斯（Lisa Evans）建议我们在做眼神交流时做到以下几点。

1. 杜绝放弃对听众眼睛的关注，看着人的眼睛而不是空椅子；一定要盯着眼睛做交流，如果人多就选择会议室中不同位置的听众。

2. 眼神交流要短暂而兼顾。每次眼神交流的时间在 1 ～ 2 秒，尽量广泛而均匀地覆盖听众。根据内容和讲话的停顿来推动眼神交流的更迭。如果场地大、人数多（超过 200 人），眼神交流可以集中在中部的某些人身上，这样整个房间的听众都会有种私密会谈的感觉。

3. 从眼神中获得反馈，但不要被负面反馈影响。根据眼神中得到的反馈来判断听众的情绪，适当调整内容和节奏，但不要被无反馈干扰，也不要被负面反馈影响交付节奏。

4. 忘记自己如何做眼神交流才能做到最好！

眼神交流需要强大的自信和坚持不懈的练习。你可以在呈现时让友人录一些视频，观察自己在呈现中与听众的互动，做自我复盘；同时，可以多看公共讲演视频，向高手们学习眼神交流等技巧。

小贴士 / 自己辛苦写的 PPT 有时也会成为眼神沟通的障碍，比如听众都在看 PPT，讲者的单向眼神交流无法促成双向交流。这时，可以让电脑的屏幕变成白屏或黑屏，强迫听众将目光重新投到讲者身上。

力量站姿

由于动作幅度大和空间感明显，站姿是比眼神更容易被听众关注的讲者特征。如果姿态控制不当，商务呈现可能立即变成“翻车事故现场”。我们经常见到的姿态类错误有满场乱走、身体不自觉地摇摆、手拿文稿颤抖等，这些尴尬的场面让讲者显得不自然、不自信、不专业，会对沟通效果产生巨大的负面影响。

除了让听众感到不适，哈佛大学一个充满争议的调研曾宣称，站姿同样会影响讲者自身的自信度。

这个结论与我们的经验也基本一致：良好的站姿在心理层面对讲者会产生积极的暗示作用，尤其是对缺乏信心的讲者，选择正确的站姿明显有积极影响。比如，讲者手拿讲稿时出现明显的抖动，这种尴尬姿态会让讲者担心听众能察觉到自己的不自信，从而加剧自信下降。此时，如果立即改变现有姿态，放下讲稿站成力量站姿并深呼吸调整节奏，仅通过动作上的改变就会让讲者适度放松，有机会重拾完成呈现任务的信心。

正确的姿态是什么样的呢？商务汇报时常用的力量站姿，如图 8–4b 所示，可作为学习的起点。

图 8-4　站姿对比

身体站直，脚分开与肩平齐。

放松双肩并保持自然持平，不要僵硬但也不要过于懈怠。

放松手臂自然垂于体侧，随时准备做互动的动作。

直接面对听众，如果听众比较分散，讲者就要有意识地让身体转向，照顾到大多数听众。

这个站姿只是开始，可以根据具体情境进行匹配。在极端情况下，内容需要讲者强势输出（如破产重组方案），讲者可以采用力量站姿：双腿分开幅度更大，手放于腰间，如图 8-4c 所示，力量会显得强大。

站姿还包括位置移动。在小型会议室展示时，由于空间受限不建议过多地移动位置，仅让上身适度转动就足够了。在听众人数较多的场合，我们要有计划地缓慢走动，外加眼神交流，这会让听众感到被关注。我们还可以适当运用手势，让呈现更加自然。

最后提醒大家：商务沟通强调专业性，即内容为王。本节提到的眼神、站姿、手势等技巧都是辅助技巧，尽量保守应用；我们要避免夸张或频繁变换姿态扰乱视听、喧宾夺主。

语速、语气和语调

语速就是商务呈现讲演时输出语言词语的速度。语速过快是讲者紧张时常见的表现，经常会导致口误；即使没有出错，语速过快也会给听众带来压迫感，影响沟通效果。

呼吸的节奏直接影响讲者语速，学会控制呼吸节奏在很大程度上可以调节语速。简单的呼吸练习可以实现初步效果。

> 自然站立，深呼吸，让肺部充满空气。
> 缓慢吸气 3 秒，然后呼气 4 秒。
> 重复上一步直到自己感觉放松。

在临场开讲之前，这个简单的呼吸练习，可以让自己放松并找到节奏。在呈现过程中，如果意识到自己语速过快，也可以借活动间隙适当做类似的调整。

除了语速，声音作为呈现载体还有其他会影响呈现效果的要素，比如语气和语调。在商务沟通中，语气应尽量保持中肯客观，做到对事不对人。正如梅拉比安教授指出的，从听众的接受程度看，有时说的方式比说的内容还要重要。对于同样一句话，语气、语调和语速的细微变化会直接影响信息的传达。同样一句话，用怀疑的语气或上扬的语调都可以让陈述有不同的解读。

单一语调有催眠的作用，讲述中要尽量避免长时间无顿挫地使用平调。

大声突出句子中的某些重要词语，并适当运用停顿来断句，这些都能给讲述增添活力和感染力。

声音控制类技巧需要长时间的练习和积累。我们要多看一些知名演讲家的讲演，学习名家如何通过语气、语调和语速的变化表达不同情绪和内涵。初期重在模仿，我们要在镜子前多练习，也可以将自己的讲演拍成视频，用他人视角复盘自己呈现的优缺点。如果条件允许，寻找学习伙伴做互动练习也是高效的提升方式。学习伙伴可以充当听众与自己互动并提出建议，这样更加逼真，而且彼此互助成长也会更快。

收尾：点睛之笔

脱口秀等娱乐类讲演对结尾要求很高：最后的包袱往往是高潮，使听众笑声迭起，脱口秀演员也顺势在掌声中鞠躬谢幕。

虽然高阶商务沟通不是脱口秀，但结尾也对听众记忆核心内容意义重大，同样备受重视。心理测试证实听众通常只能记住商务沟通的开始和收尾[①]，容易忘记中间的内容。而且商务沟通讨论的问题及其解决方法往往较为复杂，讨论过程中会谈到各种细节；如果缺少强有力的收尾会让沟通显得杂乱无章，失去重点。因此在结尾，一定要抓住机会重复核心要点，不能错过强化观点加深印象的好机会。

与开场相似，结尾也不宜过长，应该在 1 ～ 2 分钟内言简意赅地完成。内容可借用故事线来重复关键要点。回顾一下在第 4 章介绍的故事线 5 元素：

---

① HARTLEY P，BRUCKMANN C，CHATTERTON P. Business Communication ［M］. Abingdon-on-Thames：Taylor & Francis Group，2002：305.

为什么（why）、用什么（what）、怎么做（how）、何人做（who）和投入产出（how much）。用一句话总结每个要素并连贯叙述，基本可以满足收尾在内容方面的要求。

有创造性的结尾会给听众留下深刻的印象，值得花心思设计。如果开场用故事开头，结尾最好呼应那个故事，并做适当升华。比如之前举例的电动车商业融资计划书，在结尾时把节能省钱提升到情怀高度，或许会给听众更大、更积极的启发。“作为公司创始人，我有一个梦想：人们驾车出行不再为能源费用担心，这个世界同时也变得更加绿色宜居！”

问答环节以及如何应对突发事件

问答环节

问答环节（Q&A）是商务沟通中最后的互动环节。问答是开放式的，可控性比较差，因此要精心准备，认真对待。尤其在讨论敏感话题时，比如在讨论企业转型方案时，听众往往带着情绪和预判参加会议，会有意用连环的尖锐问题摧毁我们精心准备的呈现计划。

明确规则是问答中常用的防御对策。比如，在商务呈现开始时就明确地将问答环节安排在特定时段，一般设置在整体呈现后。如果听众在呈现过程中提出尖锐的问题，讲者可以引述之前的规则，将他的问题暂时搁置，呈现后统一回复。这样，讲者就拥有了宝贵的机会向决策者完整呈现发现及观点，而不会被“陷阱”问题带偏或被打断。对呈现高手来说，问答环节甚至可以是讲者的辅助工具。成熟的讲者有时会故意安排某些问题作为引子，将成型的方案带出。

如果对听众最关心的核心要点问题，讲者没有准备充分的答案，应该如何应对呢？如果连要点问题都没有答案，我们就要认真思考此次商务沟通的必要性。在第 2 章沟通战略中提到面对至难要点问题，心存侥幸、闪烁其词是徒劳的。要点问题总会被追问，延后回答反而会对听众情绪产生负面作用。

要点问题会因为听众不同而有所差异。比如，在少儿素质教育公司的融资计划书中，投资人会关心“获客成本高”和“政策合规”这些行业面临的共同挑战。再如，在电动车融资计划书中，创始人提到能耗降低至业界平均水平的 50%，投资人会追问如何能达到这样的水平。面对要点问题，讲者假装问题不存在的后果是灾难性的，因为这些要点问题都是听众做决策的关键要素，不回答就等同于沟通失败。

结构化高效沟通建立在结构化思考的基础上，是“想清楚”之后的“说明白”。沟通层面的技巧永远无法弥补或替代思考层面的缺失或瑕疵。

如何应对突发事件

麦肯锡咨询团队面对最终的交付会议时总是严阵以待、倾尽全力，从来没有所谓的“过度的准备”。价值千万的战略项目的交付会议是战略项目最后一场关键战役，一般是持续半天的闭门会议，项目主要决策者和各相关方都被邀请到一起，共同讨论团队提出的解决方案。方案内容会直接评估公司运营管理能力等，指出症结并提出建议。战略项目总会“动别人的蛋糕”，所提出的变革方案会冲击参会相关方的既有利益，甚至有人会为此失去工作。在此类重要的商务沟通场合，参会者个个神情严肃、有备而来，咨询师面临的压力可想而知。

为了做到最终交付万无一失，除了多次演练并确认交付细节，我们还要准备应对可预见的突发事件。作为主讲人，在认知层面需要明确：自己要对商务呈现的最终效果负责。任何可能对沟通效果产生负面影响的因素都在主讲人的责任范围内，甚至包括会议室设备故障这种环境类的问题。在视频会议日益普遍的当下，视频摄像头、网速、音视频展示材料等出现问题都可能影响商务沟通效果。主讲人要亲自或派专人提前到达会场，依照详尽的准备项目名录依次确认，保证会议环境万无一失。

视频会议给会议准备带来了全新的挑战。如果有多方接入，管理线上众多参会者就会变得困难重重。正式会议中有超过 10 方的参会者时，我们可以设置会议主持人来协助管理。主持人的职责包括但不限于帮助主讲人验证参会者、批准入会、为参会者开启或解除静音、呈现文档和播放多媒体资料、管理发言、分组讨论、问答和管理投票等；针对视频会议中突发的网络和设备问题也要有应急方案，比如除了视频会议链接，电话拨入信息也要附在会议邀请中。我们还可以事先把最终文档的电子文件（杜绝敏感信息并加密保护）发给信号不稳定的参会者。

除了环境因素，人和内容因素的风险也要被考虑。在极端情况下，我方主讲人不能参加时，团队中要有其他人可以及时补位；对方主要决策者如果因故不能参加，我方也要认真权衡利弊，必要时推迟此次沟通。还有内容上的突发事件风险也不能忽视。比如，现场演示 App 或网站功能，会有卡顿甚至服务器崩溃的风险，我们要仔细推敲现场演示的必要性。如果非必要，用图示或本地实验环境来做演示可以降低风险。内容上的突发事件还包括听众对呈现方式的偏好和要求，比如决策者临时要求主讲人用 1 分钟讲完核心观点然后直接讨论。我们要有随时做口头陈述的准备，关键图表和电梯陈述都是很好的应对工具。

在以上提到的环境、人和内容 3 个方面做充分准备，可以降低呈现时的风险。面对突发事件时，主讲人要冷静从容，不要让自己呈现的思路受到干扰。突发事件可以从负面事件转化成彰显主讲人能力的正向事件。比如会场投影仪在会议中突然坏掉（如灯丝烧断），主讲人不乱方寸，在等待支持人员更换新设备的同时，有条不紊地发放事先准备好的打印文档，一边继续阐述观点。这种专业的处理方式避免了突发事件浪费参会者宝贵时间的情况，会赢得听众的好感和尊重。

演练、演练还是演练：持续练习才能完美

成功的高阶商务沟通需要各个方面的准备：心理上，我们要正视讲者在呈现中的角色，不需要演员般的戏剧表演，而是作为洞见的传播者表现得专业而自信，依靠内容取胜；技巧上，语气、声调等语言因素和站姿等非语言技巧都可助力沟通成功；流程上，要重视开场和收尾，最大限度地确保沟通中的主要观点被听众接受并记住。不仅如此，准备好应对突发事件的预案，规避可预测的风险也必不可少。

本章的最后还要强调演练的重要性。面对高阶商务沟通的压力，当真正站在会议室 C 位[①]时，我们不免会有些紧张：手心出汗、口干舌燥、头脑空白；内心被失败的担忧笼罩，之前精心准备的内容一下子忘得精光。从心理学上分析，重压下的焦虑紧张是自然的。我们可能都有过几次“演砸了”的商务呈现，而记忆会夸大失败的负面影响，让我们在新机会面前担心重复经历类似的尴尬。

① 网络用语，即 Center，指中心位置。——编者注

面对压力，讲者需要强大的自信。福特创始人亨利·福特（Henry Ford）曾说，“不管你认为自己能做成还是不能做成，你总是对的”，还有英文俗语“一直装到你真正拥有”（Fake It Till You Make It），都是表明态度决定结果，自信至关重要。

> **小贴士** / 我在麦肯锡的导师曾对我说：“在汇报时，听众就像水里游弋的鲨鱼，饥肠辘辘且嗅觉敏锐，一点血腥味都会激活其进攻性；而我们就是在鲨鱼群中游泳的勇士。不自信像伤口的鲜血，鲨鱼般敏锐的听众一定会闻到它散发出来的气味，并充满敌意地挑战你所说的一切。当这种情况发生时，一切都完了。”

各种小技巧可以预防或缓解紧张状态，比如知道自己会手抖，手里就不要拿稿子；要是腿抖，就尽量站在桌子等遮掩物后面；知道自己紧张时有乱走的习惯，就事先在场地中间画个圈作为站立的区域；呼吸练习也可以缓解紧张情绪，但这些技术都治标不治本。要战胜紧张情绪，唯一的路径就是演练、演练，再演练。

俗话说“熟能生巧”，这在提升沟通能力方面尤其适用。沟通演练不仅指为高阶沟通做的几轮虚拟演练，还包括抓住在各种风险可控的场合练习口头表达能力的机会。要想直面登台的恐惧，我们就要强迫自己举手，主动申请各种登台的机会，比如公司的日常小组工作会议、MBA 课堂上的案例演练，甚至是社区读书分享的机会等。假以时日，我们自然会探索出适合自己的独特沟通技巧。

第9章

非正式商务沟通

本书开篇就说明了这本书的高标准、严要求基于高阶商务沟通场域，如融资路演或战略汇报等。这听上去有些曲高和寡，毕竟高阶商务沟通的主讲人往往是拥有多年职场经验的资深人士。但我要说的是，对大多数目前还没有机会主导高阶商务沟通的读者来说，向高标准看齐有利于大家培养商务沟通的基础技能，而且这些沟通技能的使用不仅限于高阶场域，对职场发展也有强力的推进作用，能帮助大家在日益激烈的职场竞争中脱颖而出。

职场中的关键对话多种多样，并不限于会议室里严肃的项目汇报、年终述职、跨部门的会议等，还可能发生在任何我们意想不到的地方，比如走廊里、开水间里、咖啡机旁、电梯中或班车上，我们把发生在这些地方的关键对话称为非正式商务沟通。它的重要性不亚于职场人在会议室里的表现。对领导者来说，这时下属处于没有准备的自然状态，这种情境下的表现也能更真实地体现下属平时的水平。非正式商务沟通中的表现会直接影响职场人在领导者心中的印象分甚至是未来的升迁。

比如，职场人小白在走廊里偶遇上司或上司的上司，双方进行了计划外的短暂口头交流。上司简短寒暄之后，看似随意地问："小白，最近你负责的项目进展怎么样？"这时，职场人一定要意识到这看似闲聊的交流机会在属性上是关键对话的一种，是非正式商务沟通，自己的表现对未来发展至关重要。

面对非正式商务沟通，没有准备往往会让自己痛失展现自我的机会，甚至给对方留下严重的负面印象。

> 1. 小白："嗯，啊……"
>
> 评语：支支吾吾、扭捏不语，场景尴尬至极。
>
> 2. 小白："挺好的，都正常！"
>
> 评语：空洞无物，缺少干货，错过机会。
>
> 3. 小白："最近我的项目有个核心人员离职，人手紧张；其他部门也不配合，× × 不给数据啊！"
>
> 评语：一地鸡毛；而且抱怨职责内的挑战会被领导者视为能力不足的信号。

有备而来的回复会带来截然不同的积极效果。

> 小白："您还记得上周讨论的那个战略性高，但执行比较有挑战的必赢之战项目 A 吗？"
>
> 上司："记得啊。"
>
> 小白："项目是我的团队在负责。团队的能力和动力都很强，但是由于时间紧，在资源上还需要您支持啊！"
>
> 上司："可以啊，我能提供什么帮助吗？"
>
> 小白："那太好了！我已经把资源缺口量化了，仅需要少量技术外包。正想跟您约时间呢！"
>
> 上司："好。项目 A 是年度重点项目，不能有差错。今天 5 点后约时间！"

在高信息密度的对话中，小白用结构化的关键维度清晰阐述项目状况并提出下一步的明确诉求。首先，“战略性高和执行难度大”是项目 A 的特色；其次，团队项目成功的 MECE 要素，包括能力、动力和资源；最后，目前缺乏的资源。如果我们每次非正式商务沟通都能如此，假以时日定会在上司心中塑造靠谱而冰雪聪明的职场形象，最终脱颖而出。

电梯陈述：如何在 60 秒内完成交流

电梯陈述要求陈述者在 30 ～ 60 秒以口头形式交流完相对复杂的商业主张。电梯陈述看似简单，实际上充满挑战。爱因斯坦曾说：“要把所有事情尽量简化，但不能简单。”简短意味着取舍，而取舍之后不流失核心主张需要高超的萃取能力。

电梯陈述的准备可借助第 4 章讲到的故事线及其表现形式点线大纲。电梯陈述可以被理解为根据具体情景而定制的精选故事线；用故事线的术语来说，是基于故事线的点线大纲第一层（点）的概述而生成的口头呈现。我们回顾一下，3W2H 故事线有 5 个组成部分：为什么、用什么、怎么做、何人做和投入产出。在电梯陈述中，这 5 个元素不会被完整呈现，而会由讲者根据听众互动的需求突出某些元素。进行电梯陈述时，我们也可以应用更简单的叙述模型，如下文要介绍的 SCR 模型等。

电梯陈述是故事线之上的再次创作。上文讲到的小白与上司的成功对话是电梯陈述的优秀范本。我们从故事线的视角来仔细分解一下，探究对话成功的秘诀。

对话中小白展示了 3 处核心信息。

> 第一处：战略性高但执行难度大的必赢之战项目 A。
>
> 第二处：团队的能力和动力都很强，但是由于时间紧，需要额外的资源。
>
> 第三处：已经把资源缺口量化了，仅需要少量技术外包。

小白对 3W2H 故事线的 5 个组成部分根据对话的场景进行了必要取舍，只突出 3 个元素。“为什么”元素需要在开场提出。小白需要描述项目特征让上司想起这个项目并强调项目的重要性，然后要指出需要上司帮助的问题所在，就要选择故事线中与之相关的“怎么做”和“何人做”。故事线 5 元素中其他的“用什么”和“投入产出”元素由于双方对彼此背景都较熟悉而被省略。

“战略性高但执行难度大的必赢之战项目 A”阐明了项目故事线的“为什么”：项目 A 不是一般的项目，是对公司整体业务至关重要的必赢之战。战略性高、执行难度大是项目最具特色的两个维度：战略性高诠释了必赢之战的缘由；执行难度大说明这是个“难啃的骨头”，自己的任务艰巨。

“团队的能力和动力都很强，但是由于时间紧，需要额外的资源”，更是简练地把故事线中的“何人做”阐述到位。这里小白用 MECE 列举法列出了项目成功的三大要素：能力、动力和资源。团队完全具备这三个成功要素，只是由于项目时间压力大，才需要公司在资源层面提供更多的支持。

关于“怎么做”，小白直接将诉求和盘托出：“已经把资源缺口量化了，仅需要少量技术外包。”“少量”给对预算敏感的上司吃了一颗定心丸，明确诉求在可控范围内，同时表明自己事先做了详尽的资源规划，不会耽误上司的时间，只需要上司帮助纠错审批。

电梯陈述宛如商务沟通的“珠穆朗玛峰”。从以上分析可以看出，小白这次非正式商务沟通看似轻描淡写，其实是经过深度思考生成的。在时间压力下，故事线中本来就精简的故事梗概被再度压缩和提炼。

电梯陈述不仅能在非正式场域中使用，在高阶商务沟通场域同样必不可少。在重要会议上，经常有决策者由于时间有限或个人偏好拒绝看 PPT 内容，而要求主讲人用口头陈述的形式来讲解方案的核心主张。这时简洁的电梯陈述就是最佳的呈现方式。主讲人要时刻反问自己，如果听众或决策者直接询问："项目核心是什么""如何才能成功""需要我做什么"，自己能否自信地用简短的 1 ～ 2 句话把每个问题回答清楚。要做到这一点，我们要不断以结构化的高标准要求自己，提炼洞见并组织语言，时刻准备做具有大局观的通透商务陈述。

"出口成 3"：我有 3 点看法

有个笑话说麦肯锡咨询师的开场白都一样，清一色的"我的观点是……从 3 点来看……"；如果不幸有第 4 个要点要说，那就拆分成 3a 和 3b，依然是以"我有 3 点"开场。虽是笑谈，但实际方法的确大抵如此。

人的大脑是记忆力有限而且懒惰的，在商务沟通中，大脑能记住的知识点少之又少。心理学家通过反复测试，找到一个神奇的数字 7：普通听众一次最多能记住 7 个要点，当我们讲第 8 个要点时，不管我们讲得多么生动，听众基本都是左耳进右耳出。心理学家又用实验证明，一次记住 3 个要点的投入产出比最好，记住 7 个要点要比记住 3 个要点多付出 15 倍的努力，而记住 10 个要点就要比记住 3 个要点多付出 50 倍的努力①！

① SCHENKMAN L. In the Brain，Seven Is A Magic Number［EB/OL］.（2009-11-27）［2022-10-27］.

不管内容多么复杂，观点分解时都要尽量遵循这个3点的黄金原则。如果超过3点而且每点都有存在的必要性，就要思考在每点中有没有更高阶的逻辑层面的分组，能否建立树状上下级结构。有时简单的逻辑划分，比如“主观vs客观”“内部vs外部”或“优势vs劣势”，就可以将观点的数量减半。

3点的逻辑提炼需要付出大量额外的努力。这里对这3点的要求不仅是在观点数量上精简，还要符合MECE的结构化要求：论点必须彼此独立不重叠，而且加起来覆盖全面要点。以下是一些经典的3点论：公司运营分为“人、系统、流程”；成功要靠“能力、动力、资源”；电商模式是“人、货、场”。在复用经典之外，如果我们能创造自己的3点结构就更显结构化功力了。我们要为思维内核的成长做锲而不舍的努力，假以时日“出口成3”就不再是梦想，而是属于自己的职场超级技能。

细心的读者会挑战“出口成3”：听众岂不是更容易记住1点或2点信息？！是的，至简原则推到极致就是1个核心信息。在分秒必争的媒体广告行业就有约定俗成的“KISS”原则①（keep it simple, stupid）：信息要简单直接甚至有点“傻”才具有传播性。成功的广告语大多只能突出单一特色。比如“农夫山泉有点甜”是说这个矿泉水中的微量元素让其口味不同；“怕上火喝王老吉”突出饮料的降火功能；“人头马一开，好事自然来”强调产品使用的场景。同理，在商务沟通中，沟通信息数量的最大建议值是3，能精简到2甚至1更是加分项；但由于沟通的复杂性，精简为3点是投入产出相对合理的组合。

要练习提炼浓缩，初学者可运用付费意识：当我们在陈述观点时，想象自己是在电视上做广告，每句话都要付费而且价格不菲。比如，练习时规定用

---

① 源于20世纪60年代美国的设计理念。设计工程师凯利·约翰逊（Kelly Johnson）第一个提出此理念，认为简单系统会胜出。

自然语速做 30 秒的自我介绍，而超过时限后的每句话要交 100 元，话越多，罚款也越多。虽然付费是象征性的，但通过花费我们更容易量化赘述对成本的冲击，强迫自己将无关紧要的细枝末节舍弃，聚焦最想表达的核心内容。

模型，更多模型：叙述模型

关于商务沟通叙述的套路我们已经介绍了一些，比如，在第 4 章我们讲述了 5W2H 及其简化版 3W2H 故事线；《麦肯锡结构化战略思维：如何想清楚、说明白、做到位》介绍了用来讲述故事线中“为什么”模块的 SCP+ I 叙述模型。但这些复杂的模型更适合长篇书面文档，不太适合直接而简短的非正式交流。这里再介绍 3 个相对简单而实用的叙述模型，包括 SCR 模型、STAR 模型和 W-S-N 模型，让职场人从容面对日常商务沟通。

SCR 模型

SCR 模型是麦肯锡推崇的解决方案至简叙事模式，经常用在战略项目的介绍或总结场域。SCR 模型有 3 个部分：描述情况（situation）、阐释复杂性（complication）、给出建议（resolution）。如果上司要求我们用几句话描述项目背景及结论，用 SCR 来组织战略项目核心观点的电梯陈述就显得简洁明了，不拖泥带水。

> 描述情况：把事情的背景和重要性描述清楚。在非正式沟通中，互动的听众大多对事实有一定了解，这时讲者可以抓大放小，勾画事件核心维度，制造紧迫感。

> 阐释复杂性：描述事情后直接指出潜在或已经造成的后果；不作为或做错会造成巨大损失或错过机遇，引出后面的建议。
>
> 给出建议：如何解决这个问题或抓住这个机会，有时还会加上另外一个 R——结果（result），说明按照建议行动将带来的结果。

还是用小白对上司做电梯陈述的例子，用 SCR 模型也同样高效。

> 描述情况："您还记得上周讨论过的必赢之战项目 A 吗？目前由于资源缺乏，项目面临逾期交付的风险！"
>
> 阐释复杂性："项目 A 如果逾期交付，会导致新线上销售系统延期上线，公司销售目标会受到 20% 左右的冲击。"
>
> 给出建议："目前急需 IT 资源，尤其是设计和编程；建议尽快调派内部资源或引入第三方资源予以支持。"

STAR 模型

在一些商务沟通场域，我们需要强调个人或团队的具体任务和采取措施后取得的成绩或积累的经验，如人才面试或项目复盘。面试中经典的问题"请描述职场中你最自豪的一个成就并阐述原因"就可以用 STAR 模型来回应。这时 SCR 模型明显不太适用，因为 SCR 模型过于聚焦事情本身和举措建议，缺乏与任务和表现相关的描述。而 STAR 模型会更加匹配，其名字源于描述情况（situation）、明确任务（task）、描述行动（action）、描述结果（result）的英文首字母。

我们看看如何用 STAR 模型回应“请描述职场中你最自豪的一个成就并阐述原因”的问题。

> 描述情况：传统线下零售巨头 X 的必赢之战项目 A，战略性高且执行难度大，我作为项目经理带着 20 人的团队临危受命。
>
> 明确任务：计划 3 个月内为 X 打造全新的线上销售平台，时间紧、任务重。
>
> 描述行动：研发并落地电商 IT 平台，与各方协作共创新零售运营和支持模式。
>
> 描述结果：电商 IT 平台按时交付，第一年为公司创造了销售额增长 30% 的好业绩；个人被授予公司最高项目经理大奖。

W-S-N 模型

SCR 模型和 STAR 模型都可以用于阶段性成果的展示，前者强调解法，适用于解决方案沟通；后者强调关联，更适合复盘沟通。

然而，职场更高频的日常工作沟通，比如突发状况的应变，往往需要更直接、时效性更强的沟通模型。W-S-N 模型帮助我们在短时间内梳理并沟通应对措施，有利于准确无误且直接地传达工作内容。

W-S-N 模型包括什么（what）、又怎样（so what）、现在如何（now what）。

> 什么：发生了什么事情？
>
> 又怎样：它意味着什么？

> 现在如何：现在要采取什么行动？

连珠炮般的3问与SCR模型同源，但更有针对性和紧迫感。用这个模型主导讨论能直接切入问题聚焦事件本身，然后直击事件本质和影响，并敦促具体举措的生成。W-S-N模型要求用一句话简短地回答每个问题。开头就单刀直入地问“发生了什么事情”，强迫相关人用简练的语言描述核心，拒绝绕弯子和赘述；清楚发生了什么之后紧跟着问“它意味着什么”，对事件的影响范围刨根问底，一般要用支撑数据来量化回答；最后落到“现在要采取什么行动”上，推演出具体举措。

W-S-N模型经常被用在上下级之间的沟通上。上级会用W-S-N模型“拷问”下属，如果下属对任何一部分了解得不够清楚，就让下属按照W-S-N的顺序去弄清楚。W-S-N模型起始于问题根源，可以用来考察下属对问题定义是否清晰认识，这能在一定程度上避免团队盲动。

下面是公司首席运营官与下属的对话，首席运营官用W-S-N模型布置工作。

> 什么：“项目A目前由于资源缺乏，面临逾期交付的风险！”
>
> 又怎样：“项目A如果逾期交付，会导致新线上销售系统延期上线，公司销售目标会受到20%左右的冲击。”
>
> 现在如何：“请与项目A的项目经理小白联系，确定所需的额外IT资源，尤其是设计和编程，尽快安排补充。如有必要，可考虑以外部服务商Y为资源提供方。”

第10章

用表达指引思考和行为

无论在高阶商务沟通场域中还是在非正式的口头交流中，我们都要确保沟通的终极成功，确保各种呈现技巧和模式所承载的一定是经过体系化思考生成的真知灼见。缺失真知灼见，呈现技巧和模式就沦为华而不实的“障眼法”。正如本书反复强调的：技巧虽然重要，但终究无法弥补洞见的缺席。

在思考层面，麦肯锡有体系化的解法：维度“切”的技巧，结构化战略思维四大原则和新麦肯锡五步法。面对任何战略属性的问题，无论其模糊和复杂程度如何，我们都可以借助这套方法论有条不紊地抽丝剥茧，寻求表象后面真正的答案。以提炼洞见为核心的解决问题的能力是结构化高效沟通的坚实基础。

作为思考的展现，表达要与思考尽早结合，彼此促进才能达到事半功倍的效果。

“第一天的答案”：思考和表达的统一

“第一天”是个流行的概念。“亚马逊每天都是第一天”(Day 1) 是杰夫·贝佐斯的名句，意在督促亚马逊的管理者保持创业初期的好奇心和持续创新能力。只有这样，企业才能做到终身成长。麦肯锡也有个“第一天”的常用语：“第一天的答案”(Day 1 Answer)，它是麦肯锡毕业生们保持职场领先优势的秘诀之一。“第一天的答案”是思考与表达的结合，要求咨询师尽早用高水准的表达来引导战略思考。

狭义的“第一天的答案”指战略项目初期的故事线；而初期在麦肯锡被提早到项目的第一天。之前介绍过，以点线大纲为载体的故事线是麦肯锡内部沟通项目进展的重要工具，起到承载项目思路的重要作用。而“第一天的答案”要求团队在时间压力巨大和信息匮乏的情况下，在项目刚开始就完成新麦肯锡五步法的前三步，即定义问题、结构化分析和提出假设，整理好初期故事线。由于项目刚开始还未进行细节调研，“第一天的答案”不可能建立在细致的实地调研的基础上，而是一次“以假设为前提”的逻辑思维演练。

我刚加入麦肯锡接触“第一天的答案”工具时一头雾水，觉得团队至少在做一定调研并有初步方向之后才有底气写解法的故事线。战略项目刚开始就“拍脑袋”生成战略问题的初步解法，岂不是对客户极不负责？可是，当跟随团队端到端地实践几次后，我才发现其中的奥秘：故事线的“第一天的答案”绝不等同于最终故事线。故事线是个不断演进的“活”文档，会由于假设的证实或证伪而不断被更改；而“第一天的答案”的作用是强迫团队在项目伊始就以高效沟通为目标，然后以终为始地用对逻辑有高要求的故事线来引导所有后续的调研和洞见提炼。

成长的逻辑树

下面我们用案例来展示“第一天的答案”在实战中的用法和功效。

知名民谣音乐节品牌蓝莓音乐节的主办方蓝莓音乐公司[①]，聘请案例战略咨询团队来做蓝莓音乐节的转型战略规划。目前，蓝莓音乐节虽然是民谣品类

① 以学习为目的而生成的虚拟案例，内容和数字纯属虚构。

第 1 名，但盈利性一直较差，在资本市场遭到冷待，公司发展受限。董事长邀请团队来解决“蓝莓音乐节盈利水平低”这个棘手的问题。

面对战略问题，我们沿用新麦肯锡五步法，用前三步来生成“第一天的答案”，即定义问题、结构化分析和提出假设。定义问题在蓝莓案例中相对清晰，就是提升盈利水平。

在结构化分析阶段，团队运用维度切分工具生成符合 MECE 原则的逻辑树。逻辑树没有所谓的正确和错误，只有更合适。经过团队讨论，在提高盈利水平的问题下一共切分到第4层[①]（见图 10–1）。根据初期的分析和专家访谈生成第一轮假设，并将它作为后面验证的标靶。

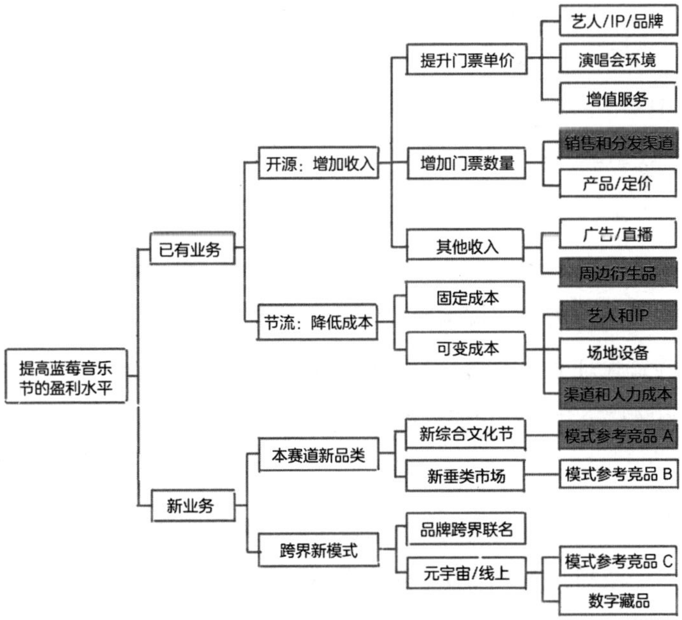

图 10–1　逻辑树 MECE 切分

① 维度切分细节参见《麦肯锡结构化战略思维：如何想清楚、说明白、做到位》。

逻辑树是新麦肯锡五步法的前两步（定义问题和结构化分析）的成果的视觉表现。战略小组用头脑风暴的方法，对核心问题进行拆解，第1版逻辑树一般在接到战略命题后的2～3小时内生成。这个逻辑树切分到了第4层，符合MECE原则，并且最后一层已经开始分解出有战略意义的细节。

> 第1层：按照已有业务和新业务切分（逻辑法）；
>
> 第2层：已有业务按照公式法的开源、节流切分（公式法）；新业务按照本赛道新品类和跨界新模式切分（逻辑法）；
>
> 第3层：增加收入主要通过提升门票单价和增加门票数量来实现（公式法），此外还有其他收入，为了展示方便暂且将其放在一个层面；成本降低分为固定成本和可变成本（公式法）；本赛道新品类和跨界新模式按照子目录法细分，将最有可能的选项列出；
>
> 第4层：将第3层的每项再往细节深挖（子目录法）。由于篇幅有限，图表只展示最相关的子目录。

这的确是一棵优秀的逻辑树，作用不可小觑：很多方向性显著的小颗粒度细节都通过梳理变得清晰。逻辑树的生成彰显了团队分析问题的深度，在此基础上团队讨论并结合初期收集的信息，可以进行五步法的第3步——提出假设。

假设并不是判断，仅是待验证的标靶，是初期的猜测。遵循“大胆假设，小心求证”的原则，团队选择销售和分发渠道、周边衍生品、艺人和IP、渠道和人力成本以及模式参考竞品A作为第一批将被验证假设，在后面的详尽调研中它们将被证实或验伪。

完成了五步法的前三步，就是生成“第一天的答案”的时候了！

逻辑树长出的答案

从逻辑树生成"第一天的答案"的过程，本质上是从思考到沟通的转化。因为逻辑树再详尽也仅仅是思考分析的工具，而故事线才是真正意义上沟通的工具。

逻辑树，不管横向的树状还是纵列的塔状，其应用场景仅限于团队头脑风暴，用于帮助团队厘清思路；而逻辑树在商务沟通中显得苍白无力，听众面对复杂的逻辑树往往反应冷淡。在商务沟通中，听众往往只关心结论及其支撑数据，对团队分析的过程和推导方法毫无兴趣。

假设马上就要做解决方案的陈述，我们将会展现什么样的结论？在缺乏信息的情况下，我们将未验证的假设用故事逻辑的粗线条串起来，会出现什么情况？

在逻辑树的基础上生成的第 1 版故事线就是"第一天的答案"，是项目早期以假设为主的解决方案的整体思路，是从听众视角出发由结构化分析的逻辑树转化而成的故事叙述。"第一天的答案"是不与外部分享的仅限内部沟通的文档，这种以终为始的做法强迫团队将支离破碎的假设和已知信息用故事逻辑组织在一起，帮助团队明确项目的调研方向及重点。

团队"第一天的答案"的点线大纲一般处于非常粗略的状态，其内容可以以 3W2H 故事线元素为内核。

1. 蓝莓音乐节目前状况问诊：净利率提升空间（为什么）

   行业及竞品对标：蓝莓净利水平相对位置。

   收入端：门票单价和数量分析。

   成本端：各种费用的 MECE 列举及分析。

2. 消费及行业趋势分析（为什么）

已有消费者画像及潜力：有何相关的未满足需求？更高的单价？更多的频次？

消费者和行业新趋势：主品类民谣的趋势；其他音乐品类趋势，哪些值得关注；Z 世代人群泛娱乐趋势，新形式？

3. 收入端深挖（用什么和怎么做）

更高单价：增值服务，如会员福利、周边衍生；更好环境等。

更多数量：场地大小、线上突围、新渠道、联名品牌拓展等。

更多品类和产品：民谣之外品类，主流流行音乐、电子音乐、综合类文化节。

竞品对标：收入端竞品盈利模式分析，如鸭梨、西红柿公司。

4. 成本端降低费用（用什么和怎么做）

场地和设备：自有 vs 租赁，或者其他方法，如共享。

IP 及人员：艺人费用、运营人力费用。

竞品对标：成本端竞品降耗模式分析，如鸭梨、西红柿公司。

5. 初步建议，与 2、3、4 分析对应（用什么和怎么做）

假设 1：蓝莓音乐节收入端，通过多渠道及 OMO 线上线下结合可以提升收入。

假设 2：蓝莓音乐节成本端，通过新媒体运营等方式降低获客成本，外加优化艺人签约条款，可降耗。

假设 3：品类拓展，针对 Z 世代打造爆款综合文化节产品（类似榴莲主流文化节）。

假设 4：其他增值服务，包括线上直播、周边衍生品和 IP 跨界合作等。

假设 5：元宇宙和数字藏品等新趋势及变现可能初探。

可以看出“第一天的答案”源于逻辑树，完全是“以假设为前提”而生成的初期思路，但这个初期思路是“以沟通为目的”而生成的，从故事叙述的角度对逻辑树进行分析和全面改造。由于“第一天的答案”文档充满未验证的假设，麦肯锡仅将其应用于内容进展沟通，而严令禁止将“第一天的答案”直接与客户分享。

虽然是“以假设为前提”生成的初期思路，但是“第一天的答案”点线大纲思路严谨，是基于 MECE 逻辑树的分析，绝对不是胡乱拍脑袋想出来的。“第一天的答案”要求我们在面对不熟悉的战略属性问题时，在相对短的时间内（1 天以内）快速构建初步思路，与内部相关人员分享并推动问题解决进展。

“第一天的答案”充分显示个体独立、高效和全面的思辨能力。自觉地应用“第一天的答案”并形成习惯，既可以制造紧迫感，加快解决问题的节奏，也能让我们更以结果为导向、从多个角度体系化地思考和处理问题，并站在听众接收视角以终为始，从而推动思考到沟通的转化进程。

第一天之后

“第一天的答案”能够激发有内涵的讨论并推动项目前进。“第一天的答案”点线大纲在讨论中起到汇总思路和交流的作用。当我们将“第一天的答案”呈现给内部相关人，相关人会在方向及框架方面给出反馈，从而激发言之有物、有内涵的讨论。

比如，面对蓝莓音乐节的“第一天的答案”，相关内部参与者可能及时指出作者没有意识到的潜在问题或给出重要建议。

- “访谈中，董事长反复强调蓝莓音乐节在成本端为行业标杆，尤其是艺人签约费用和运营成本都明显低于业界平均水平，因此我建议将调研重点聚焦在开源端，不要在成本端浪费太多精力。”
- “据说蓝莓正在筹划音乐节品类拓展，今年下半年会有主打电音品类的柠檬音乐节。他们大概率已经有对消费者的分析报告，你看能不能拿到，也许对本项目有帮助！”
- “还有，目前市场上有泛娱乐的趋势。榴莲音乐节主打满足Z世代需求，可以作为核心竞品仔细研究。我这里刚好有榴莲市场部负责人的联系方式，或许可以做个专家访谈。”

对“第一天的答案”的讨论产生的珍贵反馈和获得的实质性帮助，对项目方向把控和调研深化至关重要。项目伊始的方向性建议，如“成本端可以不作为调研重点”，如果能得到客户确认会节省大量团队资源。团队也会更聚焦、更有成效地调研其他重要战略方向。

“第一天的答案”绝对不是终点，而是不断演进的文档，“第一天的答案”之后还会有“第一周的答案”“中期答案”和“最终答案”等。在战略生成的整个过程中，团队要时刻准备一份随时能为客户提供的汇报故事线。这个故事线的3W2H核心元素会随着项目调研的深入而不断更新，直至最终版本的形成。“第一天的答案”及第 n 天的答案是分析思考与沟通呈现的复合体，是在整个战略项目中帮助团队从听众视角在统一调研中生成的洞见。团队在“想清楚”的那一刻，也自然完成了“说明白”的故事梗概。

对职场人来说，在日常工作中应用“第一天的答案”这套方法也大有助益。“第一天的答案”会帮助我们跨越舒适区，成为更优秀的职场人，也是众多麦肯锡毕业生在职场持续成功的法宝。当上级刚布置新的工作任务时，职场人可以遵循“第一天的答案”做法，有意识地要求自己在短时间内（2～3 小时）构建以假设为前提的初步思路，生成“第一天的答案”。能持续做到有思路、愿分享，彰显了职场人独立而活跃的思维；而且能用“第一天的答案”与上级和团队做方向性沟通，会得到有价值的即时反馈，提升做事效率，一定会帮助职场人在职场竞争中脱颖而出。

赢在呈现之外

以成功沟通为目标反向思考自己的职场心态和行为会给职场人带来新的启发。

摆脱“存在陷阱”

“存在陷阱”是指问题解决者在解决问题的过程中，为证明自己的能力和存在的价值有意拖延与关键人的项目进展沟通，试图在关键场合集中显示进展和成果，制造更大的冲击。在商务沟通中，“存在陷阱”往往会造成沟通不畅，使沟通陷入僵局，甚至引发信任危机等。

重大商务决策的制定相对复杂，会议室也不是唯一的战场；决策者们也不会仅凭会议主讲人一次成功的呈现就愉快地达成共识。会议室中慷慨激昂的陈述、唇枪舌剑的博弈，甚至催人泪下的反转情节基本只存在于商战影视作品里。现实中的重大商务决策有时平淡得不可思议，是水到渠成的结果。

关键商务沟通往往发生在会议之外，尤其是重大会议之前。经过有节奏的交流，我们与相关人逐步分享发现和探讨意见，确保最终汇报的会议上没有太多悬念。试图在某次会议中揭示决策者完全没有意识到的“重大发现”或

"惊天秘密"很可能适得其反：由于相关人没有得到足够预热，会议容易因数据不详及逻辑不够严谨被质疑而陷入僵局。

问题"解决者"要明确自己的位置：问题解决并非"解决者"一个人的事，有时"解决者"甚至不是主角。按照 RACI 相关人分析的框架，重大商务问题都有终极的"所有者"，就是 RACI 中的负责人（A），如公司领导、客户的业务负责人。为了给企业创造价值或避免损失，"所有者"安排资源解决问题并对最终结果负责。也就是说，问题"解决者"在整个过程中是"所有者"选出并授权的"尖刀连"，其任务是在"所有者"的授权范围内穷尽方法去分析问题、提出建议并完成预期目标。

明确问题"解决者"的位置后，我们只有从"所有者"的角度看待问题解决并进行商务沟通才能得到最大支持，这也更有利于自身的职场发展。由于二者在问题解决的最终利益上高度一致，问题"所有者"是"解决者"的天然支持方。由于职场的上下级和甲乙方等关系的存在，这种本来自然的支持关系被严重弱化，有时会呈现类似"考官 vs 考生"的对立关系。在这种权力错位下，问题"解决者"面对"所有者"审视的目光时，难免试图努力证明自己的能力和存在的价值，这就营造了"存在陷阱"滋生的环境。

那么，正确的姿态是什么呢？我们认清"存在陷阱"后，要与问题"所有者"保持高频率的沟通并建立信任，共同推进重大商务决策。如何去除"考官 vs 考生"的权力错位涉及情商和人际关系技巧，这里不展开。摆脱"存在陷阱"，坚持适时、坦诚而专业地与问题"所有者"沟通是一个良好的起点。

行使"蹲坑权"

在商务沟通中与各方保持一定的交流频率说起来容易，实施起来需要规律性，我们要学会行使“蹲坑权”[①]。问题“所有者”通常业务繁忙且时间宝贵，为确保定期进行阶段性成果沟通，我们需要提前预约。在项目初期如第一次立项会议时，我们就可以行使“蹲坑权”，在关键人的日历上预约每周固定的 30 分钟左右的沟通时间，直至项目结束。

“蹲坑权”这种没有明确议题却预约他人时间的做法与职场常识有些相悖。我们常认为要独立完成自己负责的项目，尽量避免麻烦别人，其实这些都是认知误区，有备而来的“请教”和面对高风险时的“求救”才是职场成熟的表现。尤其面对重要战略问题，由于其复杂性和冲击力大，行使“蹲坑权”对确保项目成功至关重要。我们需要通过不同视角集思广益，强迫自己脱离思考的惯性和舒适区进行出盒思考[②]；也需要发动所有相关人，打破信息壁垒，敏捷地推进项目。

行使“蹲坑权”时，我们要做足准备，带着有价值的、经过深思熟虑的问题去讨论。通过“蹲坑权”拿到时间的目的是让对方对阶段性成果的内容进行反馈和输入，让对方在方向上给予确认，我们绝不能带着原封不动的问题去求解。将自己的任务重复一遍后问“您说我该怎么办”无异于把思考“外包”给对方，是极不负责的行为。讨论前，我们要先做好作业，对问题进行深度分析并生成初步思路，确保让对方做“选择题”而不是“问答题”。之前讲过的“第一天的答案”及问题解决过程中的核心假设都可以成为很好的讨论内容。

① 蹲坑权，英文俗语 Squatting Rights，意为提前预约上级的时间。
② 英语俗语 Out of the Box Thinking，指跳跃性思维。

营造成事生态

在 VUCA 时代的职场中，分工与协作日益精细而复杂，“单兵作战”早已无法获胜。要持续赢在职场，除了自己在会议室中表现优异，我们还需要有意识地营造“成事”的制胜生态，聚集并善用资源来确保自己胜出。导师、专家和团队是成事生态的核心。

在职场成长的不同阶段，我们应该向不同类型的业务精英拜师学艺，有选择地学习导师的强项并借助其影响力帮助自己在职场中成长。榜样的作用巨大，在实战中，导师会帮助我们内化信息类知识，完成从知道到体会再到活学活用的飞跃。麦肯锡有体系化的导师制度：每个咨询师都有专属的事业发展导师，项目上的直接负责人也是临时导师。麦肯锡鼓励咨询师跟着不同类型的导师做项目，确保其对多样的风格和技巧有足够的接触和学习机会。即使所在公司没有体系化的导师制度，职场人也依然要选定自己的学习目标，加速自己的职场发展。

专家在制胜生态中也必不可少。互联网时代信息超载，信息噪声和时效性导致关键信息的获取更为困难。这时专家可以帮助我们大幅度地缩短学习周期，并站在专业制高点上为我们提供宝贵意见。麦肯锡十分重视专家，内部雇用了与一线咨询师几乎同等数量的各行业专家为项目组提供支持。同时，公司还大量运用第三方专家资源，确保战略团队能接触到业界最强大脑。我们也可以借鉴类似做法，有意识地多接触专家级人才，搭建属于自己的可信任的专家平台，为未来打好坚实基础。

成事生态中必须有同伴的支持。由于职场晋升通道有限，团队成员之间相互竞争很自然，有时甚至会出现不健康的敌对状态。麦肯锡却在晋升机制上独辟蹊径：同届的成员可以互相帮助，共同成功。麦肯锡内部每次晋升没有硬性的比例或人数限制，也就是说，如果所有候选人都满足条件，理论上可以全部晋升。晋升机制消除了成员之间非此即彼的敌意，为协作奠定了基础。而且，晋升标准之一是“能像上级一样做出贡献”。帮助下级成长是上级的核心任务，公司的鼓励更营造了成员彼此帮助、共同成长的氛围。

麦肯锡的共赢心态让我在后面的职场生涯里始终受益。有幸并肩作战的同伴，即使存在一定的竞争关系，从长远看终究是自己职场生态中的友军。对伙伴善意的帮助是等同于“诚信”的职场“硬通货”。持续不计回报地赋能他人，假以时日，我们就能在自己周围营造良性的互助生态，并且帮助自己成事。

综上，我们要在高阶商务沟通场域中乃至职场中持续成功，不仅靠某次会议中的高光时刻，而且要赢在会议室之外的长时间准备上；要摆脱“存在陷阱”，更开放地团结同伴来解决至难的商务问题；学会行使“蹲坑权”，有节奏地增加与相关人的接触，收集方向性的反馈和内容输入。最后，持续成事需要生态支撑，导师、专家和团队成员是生态的重要组成部分。生态一旦建立，就会持续正向地支持我们的职场成长。

后记

想清楚、说明白是一个缓慢进阶的过程

致结构化学习者

本书讲述的麦肯锡“结构化商务沟通”是商务沟通中高标准的典范，尤其是绘制多维度图表的能力和电梯陈述的口头表达能力等，这些都属于个人沟通能力项中的高阶要求。要练就这些能力绝无“一按就会”的“简单按钮”，而需要投入大量的时间，经历厚积薄发的学习过程。

这个学习过程是艰难而漫长的。我在开篇曾戏称职场沟通等级为“自说自话的专家”“SWOT 天团”“PPT 收割机”和“沟通高手”。其实，这是我的成长经历的缩影。作为麦肯锡的毕业生，我毫无捷径可言地走过了前 2 个阶段，目前是个梦想终有一天会成为“沟通高手”的“PPT 收割机”。只是由于现在从事高管培训工作，我这台“收割机”不再需要产出 PPT，反而成了传授结构化战略思维和表达能力的“播种机”。

在时间跨度上，我被“技术至上”的专家认知偏差蒙蔽了很长时间。对沟通重要性的认知不足，导致我作为 IT 专家在职场的前 10 多年里不太关注甚至有点轻视商务沟通能力，让自己原地踏步了很久，但意识觉醒可以瞬间发生，并不需要艰苦的学习过程，往往是外部诱因刺激内在顿悟。于我而言，那个瞬间发生在我从芝加哥大学布斯商学院毕业后加入麦肯锡的时候。战略咨询的事业转型为我打开了全新的视野，实际工作中的挑战迫使我意识到曾经的局限性。

然而，要实现商务沟通技能的飞跃性提升，即从“SWOT 天团”升级到“PPT 收割机”，却是个费时费力的至难过程。而且，结构化思考和沟通只有“0”和“1”两极，即“有”和“没有”。这就导致初学者在到达质变拐点之前的所有努力都不能见到明显成效，学习者会在相当长的时间内处于“0”状态，由此产生严重的挫败感。

这个学习周期对学习者来说很难熬，却是正常且必要的成长过程。就算是麦肯锡这样聪明人聚集的地方，前同事在聊起当初刚加入麦肯锡公司，尤其是最开始 6 个月的经历时，也频频提及“不适应”“不理解”“几乎放弃”甚至“怀疑人生”等，而前 6 个月的重要任务就是学会麦肯锡的结构化战略思考与表达。

我刚加入麦肯锡时就参加了一个货币电子化的战略项目。面对还未开窍的我，项目组长艾丽斯（Alice）很耐心地给我制作的一张张 PPT 提建议。我还清楚地记得，有一次她轻轻摇头，微微叹口气对我说：“约瑟夫，你在游泳。（Joseph, you are swimming.）”我明白她不是指责我偷懒“划水”，而是说我那时的思考浅尝辄止、深度不够，也提炼不出洞见，更无法在文档中呈现洞见。当艾丽斯替我画出“杀手图表”初稿时，我才理解什么是更深层的思考和更高层次的呈现。“一看就懂，而自己一用就不会”，这种结构化学习的初阶状态对一贯自信而好胜的我而言“伤害很大，侮辱性也极强”。

我的“游泳”状态长达半年多。我发现在麦肯锡内部像艾丽斯这样的“教练型”领导者并不多见，更多的领导者会直接把文档草稿摔在我的脸上，咆哮道："Insights！ Insights！洞见在哪儿！"当时的我总是看着自己熬夜产出的心血结晶，暗自嘀咕："这难道不是洞见吗？"

高手不会告诉你什么是洞见，只会告诉你"这不是洞见"。迷茫中的我感觉项目中的洞见有点像一个喜欢乱跑而经常走丢的顽童，我就是操心的父母，每天都焦急地寻找自己的孩子。当终于找到了战略问题的洞见时，我就像父母找到了孩子，如获至宝甚至喜极而泣。后来，当自己掌握了结构化战略思考与表达能力时，我才意识到洞见这孩子其实一直静静地待在那里，根本就没有乱跑；之前会慌乱、困惑和焦虑，只因为自己思考和表达的能力没有到位，没有能力看见并讲出摆在面前的真相。

虽然是缓慢的进阶过程，但是当学习者掌握了结构化学习力（下文的成事三部曲）完成从"0"到"1"的飞跃，就能看到很多人看不到的商业实质，说出常人想说而说不出的真知灼见，也就形成了真正的职场自信。

那种感觉不可思议。

职场成事三部曲

之前讲过，职场成事要分三步走：想清楚、说明白和做到位。这三步缺一不可，而且职场成功者往往需要持续发力，最终才能成为职场赢家。

"想清楚"是指具备快速学习、独立思考等职场认知类能力（cognitive skills）：面对专业问题，能够博闻强识，厚积薄发，能触类旁通，成为某一专业领域的理念带头人（thought leader）；面对没有所谓"正确答案"的战略问题，能够清晰地定义问题，体系化地提出初步思路，然后有条不紊地用事实验证，最后有理有据地推导出自己的判断或主张。这种认知能力是职场人思维的根基和内核，也是成功的前提条件。

“说明白”是指高效沟通能力（communication skills）。在商务场域中，高效沟通建立在“想清楚”的基础上，但又是不同于思考的独立能力项：“想清楚”为“说明白”奠定了基础，可是单凭思考不能确保高效沟通。而“说明白”又是“想清楚”的表现形式，没有想清楚是断然说不明白的。因此，高质量表达和沟通能力常常被作为验证思考质量的标尺，也自然成为职场最受关注的核心指标，很大程度上决定职场人的升迁与否。

“做到位”是执行或落地的能力（execution skills）。初入职场的新人会被要求按既有规则做事、少出错。更高段位的“做到位”则要求职场人不仅能按已有规则和既定计划高质量地办事，还能根据市场和竞争情况的反馈，实时调整甚至重新审视战略战术，敏捷地应对变化，从而完成从战略战术的制定到实施的完整闭环，最终取得商务上的成功。

由于从事管理培训职业，我有幸能广泛接触世界先进企业的优秀管理者，发现大多数管理者在成事三步中最热衷于第三步“做到位”，而对前两步在认知和掌握程度上都有很大的提升空间。大家甚至没有意识到，缺乏了前两步的“做到位”，不是真正意义上的“做到位”。

“做事为王”的心态的形成有其历史原因。过去 20 年的市场环境相对简单且需求旺盛，我们只要努力做事总会有超额的收益。然而，随着市场成熟化和外部大环境的挑战增加，许多赛道增量殆尽甚至面临萎缩，只会“做事”的管理者失去了包容他们的环境。而且，随着企业的规模扩大和机制成熟化，实施精细化管理是必然的发展方向。企业要求管理者快速学习、独立思考并高效沟通，就要建立高效的组织架构来规模化复制成功。管理者仅“做到位”已经远远不能满足管理岗位的要求。

不能“说明白”肯定是因为没“想清楚”；而没有“想清楚”就做事，也不会真正“做到位”。真正的“做到位”是超越单次的成功，是对成事的核心成功要素的分析、拆解和提炼，并且用平实的语言将成功要素，即洞见融入便于理解的商业故事中，让更多的人理解、内化并实施，形成可规模化复制的解决方案。

我很痛心地看到，许多业务骨干（优秀个人贡献者）自己做事高效，一心用业绩诠释能力；但在复盘总结时便会挣扎，说不出自己成事的核心要素，分享输出的多是表象层面的“什么时候做过什么”。比如，某大型餐饮连锁店的优秀店长连续几年在本区域的人效都是第一名，然而在经验分享时讲的都是细节：厨师长是自己的老乡、很能干，自己生病坚持工作、家里人多么支持等。店长提炼不出成功要素，总部就无法规模化复制他的成功。按照店长的复盘逻辑，难道所有店的厨师长都要聘请店长的老乡吗？此家门店的成功在人或组织、流程和系统层面到底有什么可以复制的独特之处呢？我们不难发现，这名店长的思考不够深入，表达缺乏洞见。如果没有对“想清楚”和“说明白”的能力进行必要的升级，他的事业发展很可能停滞在一线店长这个位置；因为不善思考和表达的个人贡献者无法胜任更高的管理岗位。

按照成事三部曲，《麦肯锡结构化战略思维：如何想清楚、说明白、做到位》聚焦“想清楚”，系统地讲解了结构化战略思维，也就是面对战略属性的问题时应用的认知方法。这套方法包括新麦肯锡五步法和结构化战略思维四大原则等，帮助麦肯锡公司持续地为世界 500 强公司解决各类至难的管理战略类问题。本书作为“结构化战略思维”的延续，聚焦“说明白”，也就是职场结构化高效沟通。如果我们能够“想清楚”并“说明白”，也就为在职场中持续“做到位”奠定了坚实的基础。

读完这本书，愿大家有所启发，有所收获，有所感悟，最重要的是，有所改变。